Anonymous

Ein katholischer Katechismus und protestantische Beschwerden

oder Etwas Licht zu einer Beleuchtung des katholischen Katechismus der Diöcese

Würzburg u.s.w

Anonymous

Ein katholischer Katechismus und protestantische Beschwerden
oder Etwas Licht zu einer Beleuchtung des katholischen Katechismus der Diöcese Würzburg u.s.w

ISBN/EAN: 9783743414235

Hergestellt in Europa, USA, Kanada, Australien, Japan

Cover: Foto ©Lupo / pixelio.de

Manufactured and distributed by brebook publishing software (www.brebook.com)

Anonymous

Ein katholischer Katechismus und protestantische Beschwerden

Ein

katholischer Katechismus

und

protestantische Beschwerden

oder

Etwas Licht

zu „einer Beleuchtung des katholischen Katechismus der Diöcese Würzburg" u. s. w.

Eine freimüthige Antwort

aus der

Diöcese Würzburg.

Würzburg.
Druck und Verlag der Stahel'schen Buch- und Kunsthandlung.
1862.

längst widerlegte Geschichtslügen auftischen zu können glaubte. Wir hoffen, solche Traktätleinfabrikanten werden mit dieser kurzen Antwort befriedigt sein können; sollte es nicht der Fall sein, so würden wir uns nicht scheuen, auf eine weitere Verhandlung einzugehen.

Das Gespräch führen ein Katholik, ein billig denkender Protestant und Herr X, einer der „vom Würzburger Katechismus so schmerzlich berührten Gebildeten." Unser Herr X ist nicht ganz derselbe wie in der „Beleuchtung." Den „Mephistopheles" mit seinem ganzen Apparat von mephitischen Dünsten haben wir als ausschließliches Privilegium des geistreichen Katechismusbestreiters respektirt.

Inhalt.

	Seite
Sieg der Beleuchtung über den Katechismus	1
Ultramontan und aufgeklärter Katholik	2
Angebliche Verdammungssucht und wahre Liebe der Kirche. Tridentinisches Glaubensbekenntniß	3
Das Bibellesen in der Volkssprache	5
Das Bild von den zwei Schwertern	7
Vulgata	8
Tradition, deren Wirklichkeit und Nothwendigkeit	9
Die ersten acht Concilien	10
4 Proben von Geschichtslügen. Conrad. IV.	13
Die Colonnen	13
Das „edle" Ehepaar Mabiai	13
Mährchen von der Päpstin Johanna	14
Unfehlbarkeit der Kirche	15
Primat	17
Verfälschte Citation aus der Religionsgeschichte	18
Luther's Charakter	19
Kirchengüter-Raub	21
Luther's schwankende Lehre über die guten Werke. Kirchliche Lehre der ersten Jahrhunderte	22
Luther's Gelübde und Heirath	23
Cölibat der Kirche	24
Bauernaufstände	25
Luther, angeblich ein Jesuit	26
Herausforderung des Jesuiten P. Roh	26
Doppelehe Philipps von Hessen, von Luther gebilligt	27
Mährchen vom Herrn von Gleichen	28
Ursachen der Verbreitung der Reformation	29
Constanzer und Basler Beschlüsse. Luther's Ansicht von den Concilien	29
Magdeburg. Verfolgungen der Protestanten	31
Die Hugenotten in Frankreich	32
Spanische Staatsinquisition	34
Protestantische Inquisitionen	36

	Seite
Hexenprozesse	37
Franz von Sales und Franz Xaver	37
Protestantische Missionen	38
Veränderungen an Luther's Lehre	40
Entdeckungen, Künste und Wissenschaften	41
Folgen der Reformation	42
Französische Revolution	42
Schrift des Herrn de la Guerronière und italienische Zustände	43
Einheit und Unveränderlichkeit der Kirche	45
Schiller und Schillerfeier	45
Der Katholicismus angeblich „vaterlandsfeindlich"	46
Der Katechismus soll die Liebe verletzen	46
Lauretanische Litanei. — Wahre christliche Liebe	48

Herr X. Nun wird man doch auch im stockfinsteren Würzburg endlich im Jahre 1862 zur Einsicht kommen und den Verdummungskatechismus von 1854 mit seiner schmählichen Religionsgeschichte nicht länger beibehalten können. Nach der geschehenen Beleuchtung desselben hieße Das doch aller Wahrheit und Geschichte Hohn sprechen. Sie haben ihn doch nicht mehr in Ihren Schulen?

Katholik. Ja, in den Schulen wird er noch gebraucht. Ich meinerseits habe ihn und besonders die Religionsgeschichte erst recht aufmerksam gelesen bei Oellicht und der „Beleuchtung" desselben, und da kann wohl keine Frage sein, wo Lüge und gehässige Verläumbung zu suchen ist.

X. Die Beleuchtung ist ein Meisterwerk. Sie wird Epoche machen. Sie wird auch bei H. in Würzburg stark gekauft. Die Schulkinder sollen danach verlangen und ihren Katechismus wegwerfen.

Kath. Ja, manche Leute sollen sie sogar verschenken — welch' wohlfeile Beleuchtung! — Einige kaufen sie, — es sind Phlegmatiker — um einmal in Aerger zu kommen: aber sie müssen lachen, die Bosheit tritt gar zu plump darin auf. Andre — Melancholiker — wollen sich damit erheitern: aber sie müssen weinen aus Mitleid. Andre kaufen sie aus Freundschaft für den Herrn Verfasser oder aus Lust am Kampf —

X. Nun, und warum widerlegt sie Keiner?

Kath. Papier und Lumpen scheinen wohl Manchem zu kostbar, sie dazu zu mißbrauchen.

X. Wird auch Keinem gelingen. Oder wollten Sie vielleicht den Kampf aufnehmen?

Kath. Wenn ich im Ernste glauben könnte, ein gebildeter und billiger Protestant theile die Ansichten jenes Traktätleinschreibers — aber es ist gar nicht möglich!

X. Wenn es aber doch so wäre, was dann?

Kath. Dann sollte es mich nicht verdrießen, einige müssige Stunden dazu zu verwenden, um die Argumente dieses Herrn Beleuchters in's wahre Licht zu setzen. Doch Sie, mein Herr, schweigen dazu, was halten Sie, da Sie doch auch Protestant sind, von jenem Schriftchen?

Protestant. Ich muß gestehen, ich lese derartige Streitschriften nicht. Ich meine: „Jeder kehre vor seiner Thüre;" verbessern wir unsren Katechismus und lassen wir den Ihrigen gehen. Doch wird es auch mir interessant sein, eine eingehende Besprechung jener Schrift zu hören. Ich nehme also recht gern Theil an Ihrem Gespräche.

Kath. Beginnen wir denn und folgen wir ganz dem Gange des Herrn Beleuchters. Doch muß ich zuvor bemerken, ich bitte, bei der Hauptsache stehen zu bleiben; die vielen würzigen und gewürzten Beigaben, die nicht zur Katechismus-Frage gehören, alle einzeln zu widerlegen, so leicht es wäre, würde zu viel Zeit erfordern. Referiren Sie also, Herr X!

X. Zuvor noch eine Frage! Sie gehören doch zu den aufgeklärten Katholiken und nicht zu den Ultramontanen?[1]) Denn mit diesen ist nicht zu streiten.

Kath. Da muß ich Sie zuvor bitten, mir zu sagen, was Sie unter einem Ultramontanen verstehen?

X. Ich — ich verstehe — so recht weiß ich es auch nicht, was. — Aber es ist ein schreckliches Wort! man entsetzt sich dabei! Wenn ich ein Katholik wäre, würde ich dabei drei Kreuze machen.[2])

Prot. Ich glaube, wenn das Wort einen Sinn haben soll, so ist es Einer, der jedem Fortschritte Feind, der römischen Curie mit Leib und Seele verschrieben, ganz in den Anschauungen des finstern Mittelalters lebt.

Kath. Dann kann ich Sie beruhigen. Zu dieser schrecklichen, aber auch nur fingirten Partei der Fortschrittsfeinde gehöre ich nicht. Was aber das finstere Mittelalter betrifft, so würde ich mich dessen wenigstens darum nicht schämen, weil ich dann der von der Reformation gepriesenen Urkirche doch immer um ein paar Jahrhunderte näher stünde als Sie, die das Erscheinen des erlösenden Lichtes weniger vom Stern über

---

[1]) Vgl. Beleuchtung S. 27.
[2]) Vgl. S. 21, 65.

Bethlehem, als von dem Novemberlichte in Wittenberg anno 1517 herzuleiten vermögen. — Doch kommen wir zur Sache!

X. „Die Jesuiten und Ultramontanen, die wollen den Himmel für sich behalten und stoßen Millionen gläubiger Christen in die Hölle, auch Ihr Katechismus verdammt uns geradezu. Der wahre Katholicismus hat wohl nichts gemein mit dem rücksichtslos verdammenden, absprechenden und vaterlandsfeindlichen."1)

Kath. Aber sagen Sie mir nur auch, wo denn der Katechismus Alle rücksichtslos verdammt?

X. Lernen Dies nicht schon die Kinder in dem nur Haß athmenden Schwur des tridentinischen Glaubensbekenntnisses (Katechismus S. 253)? In welchem Widerspruche steht dieses mit den schönen Gebeten S. 252, 237—243!2)

Kath. Es ist hier durchaus kein Widerspruch. Wir verdammen die Irrlehre, wir beten aber für alle Menschen, auch für die Irrgläubigen. Die Kirche betet ohne Unterlaß für ihre getrennten, von ihr losgerissenen Kinder; bei jedem Ablaßgebete wird auch für sie gebetet; die Heiligen, wie eine hl. Theresia, haben ihre schweren Bußwerke Gott dargebracht für die von der Kirche Getrennten. Und dennoch schmäht man immerfort die Liebe der hl. Kirche! Ist Ihnen nicht das Gespräch bekannt, welches die protestantische Schriftstellerin Friederike Bremer mit dem Papste Pius IX. führte, und das sie in einer ihrer neuesten Schriften mitgetheilt hat?

X. Ich wüßte mich dessen nicht zu entsinnen.

Kath. Nachdem sie von ihren Werken gesprochen, fragte der Papst, ob sie katholisch wäre.

Hierauf theilt sie folgende Unterhaltung3) mit:

„Ich: Nein, heiliger Vater, ich bin nicht römischkatholisch."

Der Papst: Dann sollten Sie es werden. Außer der katholischen Kirche keine Vollkommenheit.

Ich: Wollten Ew. Heiligkeit mir eine Frage erlauben.

Der Papst: Sprechen Sie.

---

1) Beleuchtung S. 5.
2) S. 70.
3) Wir geben sie, ohne dabei zu verkennen, daß die protestantische Verfasserin wohl nicht ganz genau die päpstlichen Worte erfaßt hat, wie bei Unterredungen in einer fremden Sprache leicht geschieht. In dem, worauf es hier ankommt, lassen wir die gegebenen Aeußerungen unbeanstandet.

Ich: Ich liebe aus Grund meiner Seele unseren Gott und Herrn Jesus Christus. Ich glaube an seine Gottheit, an die Wirksamkeit seiner Erlösung für mich selbst und für die ganze Welt. Ich will nur ihm gehorsamen, ihm allein dienen. Erkennen Ew. Heiligkeit mich nicht als Christin?

Der Papst: Als Christin, ohne Zweifel. Aber —

Ich: Und als ein Glied der Kirche Jesu Christi?

Der Papst: Ja, in einem gewissen Sinne; aber dann müßte man auch Alles, was die Kirche sagt und lehrt, für wahr halten. Indessen mögen Sie nicht glauben, daß der Papst Alle, die die Unfehlbarkeit der katholischen Kirche nicht erkennen, verdamme. Nein, ich denke, daß manche außer der Kirche lebenden Personen werden selig werden, wenn sie nach den Grundsätzen, die sie als wahr ansehen, leben. Ja, ich glaube es gewiß.

Ich: Ich vernehme mit Freuden diese Worte aus dem Munde Ew. Heiligkeit; denn ich hatte immer gehofft, an derselben einen weniger strengen Richter zu finden als an vielen Katholiken, die sagen: Sie sind keine Christin; sie werden nicht selig, wenn Sie nicht in allen Punkten wie wir und unsere Kirche glauben.

Der Papst: Hierin haben diese Unrecht, meine liebe Tochter."

Hierauf, sagt sie, gab der Papst mir folgenden Rath:

„Beten Sie! Beten Sie zu Gott, damit er Ihnen das Licht, die Gnade zur Erkenntniß der Wahrheit verleihen möge, dies ist das einzige Mittel, dahin zu gelangen. Die Controverse befördert nichts. Bei der Controverse ist Hoffart und Eigenliebe. Jeder will da sein Wissen, seine Belesenheit zur Schau tragen, und zu guter Letzt bleibt ein Jeder, was er zuvor war. Das Gebet ist das große Heilsmittel. Beten Sie Morgens und Abends, und ich hoffe, daß Ihnen von oben herab Licht und Gnade werde gegeben werden. Denn Gott will, daß wir demüthig seien; und seine Gnade ertheilt er Denen, die von Herzen demüthig sind. Und jetzt möge Gott Sie segnen und unter seinen heiligen Schutz nehmen für Zeit und Ewigkeit."

Wahr und evangelisch waren die Worte des Papstes. Ich dankte ihm mit Herzens-Ergüssen und verabschiedete mich, zufriedener mit ihm als mit mir selbst. Ich war mit meinem ganzen protestantischen Hochmuthe zu ihm gekommen; er hatte mich mit Geduld angehört, mit Güte mir geantwortet und endlich mich in ganz väterlichem Tone, nicht mit „päpstlichem Trotze," sondern mit apostolischer Sanftmuth ermahnt. Ich verließ ihn mit Gefühlen von Demuth im Herzen, die mir früher unbekannt waren."1)

X. „Wozu aber das immerwährende Verdammen in Ihrer Kirche, Verdammen von 1517 bis 1862. „Verdammet nicht, damit auch ihr nicht verdammet werdet,"2) lehret der Heiland. „Werden nicht jährlich von der Peterskirche herab die Ketzer im Namen der Dreieinigkeit und der Zweieinigkeit, der Apostel Petrus und Paulus, in den Bann gethan?"3)

Kath. Sie sehen doch aus dem eben angeführten Gespräche, wie weit das Oberhaupt der Kirche davon entfernt ist, alle Andersgläubigen zu verdammen. Das Gericht in der Ewigkeit steht nur bei Gott. Hat aber der Heiland nicht auch gesagt: „Wer die Kirche nicht hört, der sei dir wie ein Heide und öffentlicher Sünder," hat nicht Paulus den Blutschänder zu Corinth von der Kirche ausgestoßen, „ihn überliefert dem Satan zum Verderben des Fleisches, auf daß der Geist gerettet sei am Tage unsres Herrn Jesu Christi?" Kann die Kirche Jene als ihre Glieder betrachten, die sie nicht hören, sondern verachten und schmähen? Die Kirche verdammt nur die Irrlehre und stößt den hartnäckigen Irrlehrer aus ihrer Gemeinschaft aus, sie verdammt aber keinen Menschen.

X. Weil aber nur die Kirche, d. h. der Papst selig machen soll, darum „ist das Bibellesen den Laien geradezu verboten,"4) damit Niemand durch das Wort Gottes selig werde.

Prot. Ist es denn wirklich den Katholiken verboten, das Wort Gottes zu lesen?

Kath. Die Kirche hat es nie geradezu und unbedingt verboten. Sie unterscheidet aber wohl den rechten Gebrauch und den Mißbrauch der hl. Schrift.

Um diesen zu verhindern, aus Achtung also gegen das göttliche Wort hat der große Innocenz III., der sonst, wie auch Neander5) anerkennt, das Bibellesen der Laien sogar

---

1) S. Kath. Missionsblatt von Dülmen Nr. 19 vom 12. Mai 1861.
2) Beleuchtung S. 5.
3) S. 56.
4) Beleuchtung S. 7, 42.
5) Kirchengesch. II, 1. S. 504.

befördert, den Mißbräuchen der Waldenser und Albigenser gegenüber Beschränkungen festgesetzt; darum gab Pius IV. besondere Bestimmungen über das Bibellesen. Seit Benedikt XIV. sind auch diese gemildert worden.

X. Also wäre das Bibellesen nicht geradezu verboten?

Prot. Die Kirchenväter, z. B. der hl. Chrysostomus,[1]) fordern wenigstens die Gläubigen auf, die Schrift zu lesen und zu durchforschen. —

Kath. Beachten Sie aber wohl: Der hl. Chrysostomus sprach zu Griechen, die das neue Testament in der Ursprache lesen konnten und trotz des allgemeineren Verständnisses gab er ihnen seine Erklärungen, weil er die Schrift für nicht Jedem überall klar und verständlich hielt, was z. B. 2. Petr. 3, 16 bestimmt genug ausgesprochen ist. Die Kirche verlangt auch nur, daß man die hl. Schrift lese in einer Uebersetzung, die mit kirchlicher Gutheißung und mit bewährten Erläuterungen versehen ist, und daß man dazu die erforderliche Kenntniß und Frömmigkeit besitze,[2]) weil, wie die Verordnung Pius IV. sagt, wenn das Bibellesen in der Volkssprache überall ohne Unterschied zugelassen wird, in Folge der Verwegenheit der Menschen daraus mehr Nachtheil als Nutzen entspringt. Wie heilig aber Luther die Bibel oft gehalten, zeigt z. B. folgender Ausspruch desselben: „Du Papist pocheft fast mit der Schrift . . . Ich frage gar nichts nach allen Sprüchen der Schrift, wenn du ihrer noch mehr wider mich aufbrächtest; denn ich habe auf meiner Seite den Herrn und Meister der Schrift, mit dem will ich's halten."[3]) — Die Kirche aber vereinigt die rechte Ehrfurcht vor dem Worte Gottes mit dem wahren Nutzen der Gläubigen. Zudem möchte ich Sie fragen: Klagen nicht so viele fromme Protestanten, und namentlich Sie selbst[4]) über Vernachläßigung des göttlichen Wortes unter ihren Religionsgenossen? Klagen nicht deren Geistliche über sektirerischen Hochmuth Anderer, die der Prediger nicht zu bedürfen glauben? Auf der anderen Seite haben Sie nichts von

---

[1]) Hom. I. in Matth. t. I. N. T. p. 9. ed. Francof. 1697.
[2]) Vgl. das reichhaltige, auch in das Deutsche übersetzte Werk des belgischen Bischofs Malou „Vom Lesen der hl. Schrift in der Volkssprache" (Löwen 1846). Regensburg 1848.
[3]) Walch. Ausg. Bd. VIII. 2140.
[4]) Beleuchtung S. 7. 8.

den vielen Bibelausgaben in den Landessprachen vor Luther gehört, von denen Deutschland 16 hochdeutsche, 5 plattdeutsche von 1460 bis 1520 zählte?¹) Hatte nicht das „bibelarme"²) Italien selbst schon 1471 eine populäre Bibel, während bis 1550 dasselbe 36 Ausgaben der ganzen Bibel, 35 von einzelnen Theilen besaß?³) Und haben Sie niemals die mit päpstlicher Approbation erschienene deutsche Bibel von Allioli in die Hand genommen?

L. Ich habe sie bis jetzt nicht zur Hand gehabt.

Prot. Wie haben aber die Päpste der Schrift Gewalt angethan, wenn z. B. „Alexander III. aus der Stelle mit den zwei Schwertern (Luk. 22,38) seine geistliche und weltliche Gewalt beweisen will?"⁴)

Kath. Das Bild von den zwei Schwertern hat, ganz abgesehen von dem Gebrauche jener Stelle, die blos accomodirt war, (denn um eine authentische Auslegung der hl. Schrift hat es sich hier nicht gehandelt) seine volle Berechtigung in der Grundanschauung des Mittelalters.

Prot. Allerdings haben auch Kaiser Friedrich II.⁵) und der Sachsenspiegel⁶) es adoptirt.

Kath. Schon vorher wenden es der hl. Bernhard⁷) und Gerhoch von Reigersberg⁸) an. Alexander III. aber ist gerade der Papst, der in einer in das canonische Rechtsbuch aufgenommenen Stelle⁹) die Appellation vom weltlichen Richter an den Papst außerhalb des Kirchenstaates entschieden zurückweist;¹⁰) so wenig dachte er daran, sich eine unbedingte weltliche Herrschaft beizulegen.

---

¹) Panzer Literar. Nachrichten von den alterältesten gedruckten deutschen Bibeln. Nürnberg 1774. Kehrein zur Geschichte der deutschen Bibelübersetzung von Luther. Stuttgart 1851. Malou a. a. O.
²) Beleuchtung S. 11.
³) Jakob Maria Paitoni Biblioteca degli auctori greci e latini volgarizzati. Das neue Testament in der italienischen Uebersetzung des Florentiner Erzbischofs Martini ist in Italien überall ungehindert gebraucht, aber die von Engländern kolportirte entstellte Uebersetzung von Diodati verboten.
⁴) Beleuchtung S. 6.
⁵) Constit. a. 1220 c. 7.
⁶) Buch I. Art. 1.
⁷) de consid. IV. 3.
⁸) de corrupto Eccles. statu c. 3. Galland. XIV. 549.
⁹) c. 7. § 1. de appellat. II. 28.
¹⁰) Vgl. Innoc. III. c. 13. de judic. II. 1.

Prot. „Das Haupthinderniß freier Bibelforschung scheint mir aber bei den Katholiken schon darin zu liegen, daß sie an ihre Vulgata gebunden sind."¹)

L. „Die zudem in mehr als 1000 Stellen fehlerhaft und willkürlich entstellt ist."²)

Kath. Ich will Ihnen nicht zumuthen, nur 1000 solcher Stellen nachzuweisen, geschweige eine willkürliche Entstellung, worin freilich Luther eine eigene Kunst besaß, so daß von den vielen Bibeln, die zu seinen Lebzeiten erschienen, nicht eine der andern vollkommen ähnlich sieht. Freilich war auch seine Antwort, als er darüber zur Rede gestellt wurde: „Doktor Martin Luther will's also haben und spricht: Papist und Esel sei ein Ding." So ferner: „Jakobus narret, wenn er sagt, die Früchte machen gerecht. Deßwegen sollen die Widersacher sich mit ihrem Jakobo, den sie uns so oft vorwerfen, hinwegtrollen."³) — Sehen Sie sich ferner um bei den Gelehrten der Gegenwart. Während die tüchtigsten protestantischen Bibelerklärer, wie de Wette immer mehr anerkennen, daß die lateinische Vulgata eine Uebersetzung von bedeutendem Werthe ist, wird auf verschiedenen Seiten des deutschen Protestantismus immer mehr über die Fehlerhaftigkeit und Mangelhaftigkeit der lutherischen Uebersetzung geklagt, der man bis jetzt abzuhelfen sich nicht getraut hat.⁴)

L. „Durch Ihre Vulgata ist aber jede Urtertforschung ausgeschlossen;"⁵) drum haben Sie recht, wenn Sie die Tradition über die Bibel stellen; „wäre sie nur keine so späte Nachgeburt des sechsten Jahrhunderts."⁶)

Kath. Sie könnten sich leicht überzeugen, daß die katholischen Theologen die Urtertforschung durchaus nicht ausschließen, so wenig als die Aufstellung der Vulgata als Kirchenbibel sie verhindert, daß auch die Leistungen protestantischer Theologen von katholischer Seite anerkannt und benützt werden. Was aber die Tradition betrifft, so scheint Ihnen unbekannt,

---

¹) Beleuchtung S. 12.
²) Ebendas.
³) T. VI. Wittemb. S. 282.
⁴) Vgl. dagegen Beleuchtung S. 10.
⁵) Beleuchtung S. 12.
⁶) Ebendas.

wie schon die Schrift selbst auf diese hinweist.¹) Wenn sie erst im sechsten Jahrhundert aufgetaucht sein soll, woher kommt es denn, daß im arianischen Streit sich Athanasius, Basilius und die andern großen Kirchenväter schon auf die Tradition beriefen? Wie kommt es, daß schon die Bestreiter des Artemon für sich die kirchliche Ueberlieferung der Lehre von Christus, wie sie vor Papst Viktor I. (194—203) bestand, anführen konnten?²) Und glauben Sie etwa, die Briefe des hl. Martyrers Ignatius, die Schrift des hl. Irenäus gegen die Irrlehren, das Buch Tertullians von der Präscription, die auf das Bestimmteste die Lehre von der kirchlichen Ueberlieferung feststellen, seien Ausgeburten des sechsten Jahrhunderts? Jeder protestantische Kritiker würde Ihren frommen Eifer belächeln. „Es ist klar", sagt der hl. Chrysostomus, „daß die Apostel nicht Alles schriftlich, sondern auch Vieles ohne Schrift uns übergeben haben, und daß dieses ebenfalls zu glauben ist."³) So reden auch Epiphanius,⁴) Basilius,⁵) Augustinus⁶) u. s. w. Ja, ohne Tradition hätten auch Sie keine hl. Schrift.

X. Wie so Das?

Kath. Wer sagt Ihnen, daß dies Buch Gottes Wort enthalte? Woher empfing Luther die Bibel als göttliche Offenbarung, wenn er nicht aus der kirchlichen Tradition Dies wußte?

X. „Tolle, lege! rief eine Stimme dem Kirchenvater Augustin zu. Suchet, so werdet ihr finden."⁷)

Kath. Ein Agent der Bibelgesellschaft spricht zu einem Heiden:⁸) „Da, nimm dies Buch und lies darin und lerne daraus, was du glauben und was du thun sollst; denn es ist Gottes Wort." Welche Bürgschaft hat nun der Heide dafür? Und wenn er auch dem Worte des Bibelagenten glaubt, muß er nicht mit dem Kämmerer der Königin von Aethiopien

---

¹) Vgl. Joh. 20, 30; 21, 25; 2. Joh. 2, 12; 1. Cor. 11, 32; 2. Thess. 2, 14; 1. Cor. 2, 11; 1. Thess. 4, 1 u. s. w.
²) Euseb. hist. eccles. l. V. c. 28.
³) Hom. 4. in 2. Thessal.
⁴) Haer. 61. c. 6.
⁵) l. de Spiritu s. c. 27.
⁶) l. de bapt. c. 23.
⁷) Beleuchtung S. 8.
⁸) Deharbe, Katechismus-Erklärung. Paderborn 1857. Band I. S. 73.

sagen: „Wie kann ich verstehen, was ich lese, wenn mich Niemand unterweiset?" Apstg. 8, 30.).

X. Die Wahrheiten, welche der Christ wissen muß, sind aber doch alle in der Schrift enthalten.

Kath. Nicht Alle, die Sie selbst annehmen, z. B. wo steht in der Schrift, daß statt des Sabbaths der Sonntag geheiligt werden, die Kinder getauft werden sollen? Luther und Melanchthon selbst wußten die Wiedertäufer, die sich auf Matth. 28, 19, Mark. 16, 16, beriefen, nur aus der Tradition zu widerlegen. Warum hält sich kein Protestant mehr an Apstg. 15, 29, Joh. 13, 14 gebunden? Weil die Tradition es ihnen sagt. Sie nennen die nicht in der Schrift klar enthaltenen Offenbarungswahrheiten „Menschenlehre und Satzung."[1] Muß Das nicht vielmehr von den sich widersprechenden Lehren der Reformatoren gelten, die neben oder vielmehr über der Schrift ihre eigene Autorität aufstellen? Warum sind sonst die Einen Lutheraner, die Andern Calviner, Andere Zwinglianer? Haben doch Alle die hl. Schrift in der Hand. — Doch ich muß Sie erinnern, daß wir zunächst mit der Ihnen so gräulichen Religionsgeschichte des Katechismus uns beschäftigen wollen.

X. Recht, so kommen wir zu dem Glanzpunkte der Beleuchtungsschrift. Nach S. 28 der Religionsgeschichte hatten die Päpste den Vorsitz in den Concilien schon in den ersten und darauffolgenden Jahrhunderten und deren Aussprüche, wie die der Päpste, unter Zustimmung der Concilien, wären unfehlbar. Die griechischen Kaiser haben aber die Synoden zusammenberufen, nicht die Päpste.[2]

Kath. Es ist wahr, daß die Bischöfe von den griechischen Kaisern zu den Concilien berufen oder eingeladen wurden, aber in der Regel geschah es mit Zustimmung oder auf Veranlassung der Päpste. Das 1. Concil ward, wie das 6. Concil sagt, von Constantin und Papst Sylvester berufen,[3] das dritte mit Genehmigung Cölestins,[4] das vierte mit Zustimmung Leo's I.,[5] das sechste mit der des Papstes Agatho, das

---

[1] Beleuchtung S. 51.
[2] Beleuchtung S. 15.
[3] Vgl. Rufin. 10, 1. — Hard. t. III. p. 1417.
[4] Hard. t. I. p. 1473.
[5] Leon. ep. 114.

siebte mit Zustimmung des Papstes Hadrian I., das achte mit Zustimmung Hadrian's II.¹)

X. Nie hat ein römischer Bischof a priori den Vorsitz gehabt."²)

Kath. Mit Ausnahme des zweiten und fünften Concils, die erst durch die Annahme und Bestätigung des Papstes ökumenisch wurden, präsidirten auf allen andern die päpstlichen Gesandten; auf dem ersten der Bischof Hosius, die Priester Vitus und Vincentius,³) auf dem dritten Cyrillus nebst zwei Bischöfen und einem Priester,⁴) auf dem vierten Bischof Paschasinus,⁵) zum sechsten Concil schickte Papst Agatho seine Gesandten nebst einem Schreiben,⁶) auf dem siebten präsidirten die päpstlichen Gesandten Archipresbyter Petrus und Abt Petrus,⁷) auf dem achten Bischof Donatus von Ostia, Stephan von Nepesina und Diakon Marinus von Rom.⁸) Wenn auch der Kaiser oder dessen Gesandte zugegen waren und ein Ehrenpräsidium hatten, so wie die Leitung der äußeren Ordnung,⁹) so haben sie doch nie in den Entscheidungen mitgestimmt.

X. „Die Päpste nicht, sondern die Kaiser haben den Beschlüssen Gesetzeskraft und Geltung gegeben oder versagt."¹⁰)

Kath. Die Kaiser konnten einem Concilium seine Geltung weder geben noch nehmen, wohl aber die Annahme und den Vollzug der Concilienbeschlüsse weltlicherseits gebieten.¹¹) Was aber die päpstliche Bestätigung der Concilien betrifft, ver=

---

1) ep. ad Carol. M. Hard. IV. p. 818. — Hard. V. 765. 766. Hefele Conc. I. S. 1213.
2) Beleuchtung S. 16.
3) Theod. H. E. 2, 15; Socr. 1, 13, Athanas. de fug. apolog. c. 5. Mansi II. p. 882. 927. Eus. vit. Const. III., 13.
4) Vgl. Evagr. 1, 14; Niceph. 14, 34. ep. Coelest. ad Cyrill. t. I. s. 16. Synod.
5) ep. Leon. 89.
6) Hard. III. p. 1436.
7) Hard. IV. p. 818.
8) Hard. V. p. 936. sq.
9) cf. Eus. vit. Const. III., 13, ep. Leon. 89: „βασιλεῖς δὲ αὐτοὶ πρὸς εὐκοσμίαν ἐζήτουν." Hefele Conciliengeschichte Bd. I. S. 23 ff. bes. S. 29.
10) Beleuchtung S. 16.
11) cf. Socr. 1, 9; Rufin. 1, 5.

weise ich Sie auf die Concilienfammlungen,¹) ich will nur erwähnen das Schreiben der Väter des vierten Concils an Papst Leo den Großen, den sie den von Christus bestellten Wächter des göttlichen Weinbergs nennen und den sie um Bestätigung ihrer Beschlüsse angehen.²) Das sechste Concil bat den Papst Agatho, der auf dem festen Felsen des Glaubens stehe und den ersten Stuhl der Christenheit einnehme, feierlich um Genehmigung seiner Dekrete.³)

X. Wie kommt es aber, wenn Dem so wäre, daß die Geschichte nichts davon berichtet?

Kath. In den Concilien-Akten ist dieß Alles enthalten; auch haben es schon längst unparteiische Geschichtschreiber berichtet; nur die Traktätleinschreiber bringen immer wieder denselben Irrthum vor.

X. Warum sollten auch Traktätleinschreiber, wie Ihr sie einmal nennt, wie der glorreiche Beleuchter des Katechismus, nicht ebenso Glauben verdienen wie eure Geschichtschreiber?

Kath. Weil es ihnen nur zu oft auf hundert Lügen nicht ankommt, sie das ungebildete Volk täuschen wollen, das nicht im Stande ist, selbst die Geschichtsquellen zu studiren, weil sie Dies selbst entweder nicht wollen — oder nicht können. Geschichte machen ist eben leichter als Geschichte studiren. Wer aber Augen und Ohren verschließt vor allen geschichtlichen Dokumenten, den kann man nie belehren. Daß aber auch Ihr Herr Beleuchter absichtlich und boshaft solche Lügen auftischt — wenn wir anders ihn nicht für ganz unwissend und unfähig zum Geschichtsstudium halten sollen — davon nur einige Beispiele. So die wieder aufgewärmte, längst in den Zeitungen widerlegte Geschichte von dem Ehepaar Madiai in Toskana,⁴) die Fabel von einer Päpstin Johanna⁵) und was er von Conrad IV. sagt.⁶)

---

¹) Ueber das erste s. Labbe t. 5. Conc. col. 248 Hard. I. p. 311; das zweite angenommen und bestätigt, wie Pelagius II. und Gregor II. aussprechen; das dritte s. Mansi V. p. 374; das fünfte s. päpstl. Dekret an Eutychius 553; das siebte Hard IV. p. 819; das achte Hard. V. p. 938 sq.
²) Mansi t. VI. p. 147. seq. Hefele Concil. Gesch. II. S. 526–528.
³) Mansi t. XI. p. 663 seq. Hefele III. S. 261.
⁴) Beleuchtung S. 7.
⁵) S. 55.
⁶) S. 17.

X. Ja, ihr auf dem Schaffot büßte — und selbst Opolids Kinder und Gemahlin im Kerker, weil sie ihr rechtmäßiges Königreich Apulien gegen des Papstes Willen zurückforderten."¹)

Kath. Ich muß gestehen, ich wußte nicht, was ich bei diesem Satze des Beleuchtungsfabrikanten denken sollte: solche Unwissenheit oder solch' boshaftes Lügen zu benennen ist schwer. Sie, mein Herr, und der gelehrte Traktätleinschreiber verwechseln hier Conrad IV. mit Conradin, welcher zu Neapel durch König Karl von Anjou trotz aller Fürsprache des Papstes hingerichtet wurde.²) Was der Herr Beleuchter mit den Päpsten aus den adeligen Familien der Colonnen³) will, weiß ich wahrlich auch nicht. Zum Mindesten ist es sehr ungeschickt ausgedrückt; freilich ist es zum Verläumden gut, solche vage, unbestimmte Ausdrücke zu brauchen, die man gar nicht widerlegen kann.

Prot. Vielleicht sollten es die Päpste aus dem Hause der Grafen von Tuskulum sein, und hat aus Unkenntniß eine Verwechslung stattgefunden? —

X. Wollen Sie aber auch das vielleicht rechtfertigen, „daß man das edle Ehepaar Madiai in einem der italienischen Herzogthümer, (Modena oder Toskana) zu den Galeeren verurtheilte, weil in ihrem Hause die Bibel gelesen wurde."⁴)

Kath. Diese Beschuldigung hat wirklich ein Graf Carlisle im „Leeds Mercury" in jener Zeit vorgebracht. Ein Irländer, Dr. Cahill, hat ihm aber in einem offenen Sendschreiben geantwortet und den wahren Thatbestand aufgedeckt.⁵) Rosa Madiai⁶) hatte 5 Jahre lang ohne alles Hinderniß die Bibel gelesen und die protestantische Kirche besucht. „Ich will Ihnen aber sagen," heißt es in jenem Sendschreiben, „wofür die Madiai's bestraft sind. Sie hielten trotz der zehnmal wiederholten Warnung der Polizei geheime Conventikel; sie ver-

---

¹) Ebendas.
²) Raynaldus ad a. 1268. n. 34 seq. — Vgl. Raumer, Gesch. der Hohenst. Bd. IV. S. 613—620.
³) Beleuchtung S. 55.
⁴) S. 7.
⁵) Kath. Wochenschrift von Würzburg. I. Bd. Nr. 10 vom 5. März 1853. S. 189 ff.
⁶) Sie war aus England gekommen und hatte den Italiener Madiai geheirathet.

theilten wenigstens 11,000 Exemplare ihrer Bibel, welche, wie ich beweisen kann, mehr als 1600 Abweichungen vom Urtext enthält; sie beredeten und bestachen italienische Kinder, in diese Conventikel zu kommen und an dem antikatholischen Unterricht Theil zu nehmen, sie waren mit mehreren Colporteuren associirt, welche jene Bibeln im Lande verbreiteten; sie hatten unanständige Abbildungen der hl. Jungfrau, welche von zwei dazu gebundenen Orgeldrehern vertheilt wurden u. s. w. Der Großherzog hat nur die Gesetze gegen verkappte Revolutionäre, öffentliche Verläumder und gebundene Ruhestörer gegen sie in Anwendung gebracht." Schließlich weist Cahill noch nach, daß auch nach dem englischen Recht Geldstrafe und Gefängniß darauf steht, wenn Jemand einen Andern vom Besuche des protestantischen Gottesdienstes abzuhalten sucht und zu diesem Zwecke Conventikel hält. —

X. Aber die Geschichte mit der Päpstin Johanna kann doch nicht aus der Luft gegriffen sein. Wer hätte so etwas erfinden können — eine Päpstin Johanna!

Prot. Auch die protestantischen Geschichtsforscher, wie Gieseler und Neander haben diese Erzählung als Mährchen längst aufgegeben, das seinen Ursprung einer Satyre auf einen Papst, Namens Johannes verdankt. (Man schwankt zwischen Johann VIII., X., XI. und XII.)[1] Die einzige Stelle, welche dieses Phantom finden könnte, wäre zwischen Leo IV. und Benedikt III. im Jahre 855; Leo IV. starb aber am 17. Juli 855 und noch in demselben Monat ward Benedikt erwählt.[2] Sogar die Münzen und Medaillen, die den Papst Benedikt und den am 28. Sept. 855 verstorbenen Kaiser Lothar darstellen, schließen die Möglichkeit der Fabel aus, wie Gieseler nachgewiesen hat.

Kath. Schon der ehrliche Protestant Schröckh[3] sagt, es falle manchem Protestanten schwer, „diese ihrer kirchlichen Gesellschaft brauchbare, aber auf's gelindeste gesagt, schon lange nicht mehr haltbare Erzählung aufzugeben." Heut zu Tage müßte man etwas feinere Lügen auftischen, wenn man Ansehen und Glauben finden will; doch den „dummen Katholiken" gegenüber glaubt man auch die lächer-

---

[1] Neander, Kirch. Gesch. II, 1. S. 200.
[2] Jaffé Regesta Rom. Pontif. p. 285.
[3] Schröckh, Kirch. Gesch., Bd. XX. S. 110.

lichsten Lügen auftragen zu können; sie werden, denkt man, doch geglaubt.

X. Aber mit den Concilien sind wir auch noch nicht fertig. Das ist doch zuviel, daß sie und der Papst noch gar Gott gleich stehen und unfehlbar sein sollen.[1]

Kath. Es sind Ihnen wohl nicht unbekannt die Verheißungen, welche Christus einst seinen Aposteln gegeben hat, daß er bei ihnen bleibe bis zum Ende der Welt, daß der Geist der Wahrheit bei ihnen bleibe, sie alle Wahrheit lehre, daß die Pforten der Hölle die Kirche nicht überwältigen werden[2] u. s. w.

X. Sie stehen ja in der Bibel.

Kath. Glauben Sie auch, daß diese Worte einen Sinn haben?

X. Wer wird das leugnen wollen?

Kath. Kann aber da Irrthum sein, wo der Geist der Wahrheit ist? Kann Christus und die Lüge beisammen sein? Ein schöner Beistand Christi wäre es, wenn die Kirche trotz seiner Gegenwart in Irrthum gerathen könnte. Darum bekennt Luther selbst: „Der Kirche Mund ist Gottes Mund; Gott kann ja nicht lügen, also auch die Kirche nicht."[3] Ferner: „Es ist gefährlich und schrecklich, etwas zu hören oder zu glauben wider das einträchtliche Zeugniß, den Glauben und die Lehre der ganzen heiligen christlichen Kirche."[4] „Wie wäre die Kirche sonst die Säule und Grundfeste der Wahrheit?"[5]

X. Wie können Sie sich auf Luther berufen, der so entschieden gegen die päpstlichen Traditionen aufgetreten ist?

Kath. Ich weiß wohl, daß er bald wieder ganz anders redet: „Zum Prediger ist Jeder gut, er sei berufen oder unberufen, geweiht oder ungeweiht, der Teufel oder seine Mutter."[6] Und: „Mein Mund ist Christi Mund . . . Ist mir Luther nicht ein seltsamer Mensch? Ich meine, daß er Gott sei." —[7] Er schwankt also zwischen zwei Autoritäten, zwischen derjenigen

---

[1] Vgl. Beleuchtung S. 14.
[2] Vgl. Joh. 11, 16; 15, 26; 17, 26; 16, 13. Matth. 18, 18; 28, 20.
[3] Walch, Bd. VII. 417 a Jena 1560.
[4] Walch, Bd. V. 490 a.
[5] 1. Tim 3, 15: Walch l. c.
[6] t. VI. jen. f. 115 a.
[7] t. III. jen. f. 559 a; t. IV. Witt. g. f. 378 a.

der von Christus stammenden Kirche und seiner eigenen. Nun hat wohl Christus seine Verheißungen nicht Luther, sondern der Kirche gegeben.

X. Aber das Concilium?

Kath. Was ist das Concil anders als die Versammlung Derjenigen, welchen Christus seine Verheißungen „bis zum Ende der Welt" gegeben hat, nämlich der rechtmäßigen Nachfolger der Apostel.

X. „Sie alterniren mit den Ausdrücken Kirche und Papst."[1] „Kirche und Papst ist doch nicht identisch, sowenig als Religion und Kirche, Kern und Schale."[2]

Kath. Ohne Schale keinen Kern: keine Religion ohne Kirche. Kirche und Papst ist nicht identisch: aber: „Ubi Petrus, ibi ecclesia." Wenn Sie nicht mit Luther sagen wollen: „Alles, was da aus der Taufe gekrochen ist, kann sich rühmen, Priester und Bischof zu sein,"[3] so können es nur die rechtmäßigen Nachfolger der Apostel sein, in welchen die Verheißung Christi sich vorzugsweise erfüllt.

Prot. Ich dächte, wir lassen diesen Gegenstand fallen, der allerdings der katholischen Kirche wesentlich ist. Unsere Kirche kann, vom entgegengesetzten Standpunkt ausgehend, denselben nie annehmen, sonst würde sie sich selbst aufgeben.

Kath. Im andern Falle aber gibt sie die Schrift, die klaren Worte des Herrn auf.

X. Durchaus nicht. Denn „auch die 300 Jahre der Verfolgung hatte die Kirche keine andren Hirten als den himmlischen."[4]

Prot. Dies scheint wohl zuviel behauptet, indem die Schrift klar ausspricht, der Herr habe Einige zu Aposteln, Einige zu Hirten und Lehrern gesetzt (Eph. 4, 11), und der hl. Paulus sagte: „Habet Acht auf euch und die ganze Heerde, in welcher euch der hl. Geist zu Bischöfen gesetzt hat, zu leiten die Gemeinde Gottes." (Apstg. 20, 28).

Kath. Ebenso wenig werden Sie leugnen können, daß Christus den Petrus als obersten Hirten eingesetzt hat, indem er zu ihm sprach: „Weide meine Lämmer, weide meine Schafe."

---

[1] Beleuchtung S. 17.
[2] S. 66.
[3] t. I. g. f. 321 a. 384 b.
[4] Beleuchtung S. 15.

(Joh. 21, 16 ff). Wenn es in den ersten Jahrhunderten
keine Hirten als den himmlischen gab, in welchem Jahrhundert
lebte dann der hl. Ignatius, der schon sagt: „Alle, welche
Gottes und Jesu Christi sind, halten sich zu dem Bischofe."[1]
„Wo der Bischof ist, da ist auch das Volk, sowie wo Christus
ist, dort ist die katholische Kirche."[2] „Ihr seid dem Bischofe
untergeben wie Jesu Christo."[3] „Ohne den Bischof und die
Priester sollt ihr nichts thuen."[4]

X. „Sie stellen die Thurmspitze auf den Grund,"[5] „lei=
ten die mit der Zeit gewonnene Allmacht des Papstes am
Ende von Adam und Eva schon her und machen den Papst
zu einem Dalailama, einem Quasi=Kollegen des chinesischen
Kaisers, — zu einem hochchinesischen Fürsten, der sich den
Gebieter der Sonne nennt."[6]

Kath. Nicht die Thurmspitze stelle ich auf den Grund,
sondern das Fundament. Denn Sie werden von Christus doch
nicht sagen wollen, er habe ein Haus auf eine „Thurmspitze"
bauen wollen. Und doch sagt er zu Petrus: „Du bist Petrus,
und auf diesen Felsen will ich meine Kirche bauen
und die Pforten der Hölle sollen sie nicht überwältigen. Und
dir will ich die Schlüssel des Himmelreiches geben" u. s. w.[7]
Daß die päpstliche Macht im Laufe der Zeit und nach Be=
dürfniß der Zeitverhältnisse sich immer mehr entfaltet hat, daß
eine weltliche Gewalt allmählig mit der geistlichen sich verband,
beweist doch nur, daß die päpstliche Gewalt schon da war. Ich
frage Sie mit Johann v. Müller: „Man weiß, welcher Papst
Karl den Großen zum römischen Kaiser gekrönt hat. Wer
aber hat den ersten Papst gemacht?" Vielleicht die Concilien?
Schon das erste Concil setzt ihn voraus. Die Gesetze der
Kaiser? Alle Gesetze, die vom Primat sprechen, setzen ihn
gleichfalls voraus und schärfen den Gehorsam gegen den Pri=

---

[1] ad Philadelph. c. 3.
[2] ad Smyrn. c. 8.
[3] ad Trallens. c. 2.
[4] ad Magnes. c. 7.
[5] Beleuchtung S. 16.
[6] Beleuchtung S. 15.
[7] Matth. 16, 13 ff. — Ueber die Schlüsselgewalt vgl. Isai. 21, 22.
Apok. 1, 18; 3, 7. — Die Broschüre „Le Pape & le Congrès" will die=
sen „Felsen" dem Petrus freilich in ganz anderm Sinne gewähren. Doch
vergesse man nicht das Wort: „Super quem ceciderit, conteretur."

mat ein, den sie von Petrus ableiten. Vielleicht ist er entstanden durch politische Klugheit der römischen Bischöfe? Damit würde die Bedeutung des päpstlichen Stuhles von Persönlichkeiten abhängen, viele hl. Päpste würden dadurch befleckt, die Bischöfe hätten sich nie ihr Recht nehmen lassen oder unter schwachen Päpsten wieder zu erlangen gesucht. Aus der Bedeutung der Stadt Rom? Diese war unter den christlichen Kaisern nicht mehr vorhanden; viel eher hätten dann die Bischöfe von Konstantinopel diesen Vorrang erlangen können. Schon lange vor Leo dem Großen ist der Primat des römischen Bischofs allgemein anerkannt und ausgeübt worden. Das zeigt schon in der apostolischen Zeit das Einschreiten des Papstes Clemens in Sachen der korinthischen Gemeinde,[1]) das bezeugen „die Väter, wie Ignatius,[2]) Irenäus,[3]) Cyprian[4]) u. s. w. Das gestand selbst Luther, indem er an Papst Leo X. schrieb: „Ich will nicht anders wissen, denn daß Euer Heiligkeit Stimm Christi seye, der durch sie handle und rede."[5]) Freilich nannte Derselbe den Papst bald darauf ganz anders. — Der Naturforscher und Philosoph Bonnet stellt 1782 das päpstliche Reich als einen großen Baum dar, in dessen Schatten die Wahrheit erhalten worden, um eines Tages ein noch größerer Baum zu werden.[6])

X. Gehen wir lieber zur Hauptsache über, und das ist die Schilderung Luthers und der Reformation, in welcher Ihr Katechismusschreiber ganz besonders „meisterhaft die Kunst im Auslassen, Verschweigen, Vermischen, Verleugnen, Ignoriren, bösen Leumundmachen geübt hat."[7])

Kath. Wollen Sie nur das hierher Bezügliche aus der Religionsgeschichte uns vortragen.

X. „Aufruhr gegen Kirche und weltliche Obrigkeit, lange vor, immer mehr und ärger vor, in und nach der Glaubensspaltung! Der Empörungsteufel" — —

---

[1]) ep. 1. ad Corinth. c. 44. Tillemont, t. I. p. 149—166.
[2]) ep. ad Rom. Vgl. Wocher, Briefe des hl. Ignatius v. Antioch. Tüb. S. 82 ff.
[3]) adv. haer. III, 3. n. 2. p. 175.
[4]) Cypr. de unitate eccl. p. 396 seq.; ep. 27. p. 90.
[5]) S. Luthers Schriften. Jena 1590 bei Donatus Richzenhain, Bd. I. S. 58; vgl. S. 114 a.
[6]) Joh. v. Müllers sämmtl. Werke, Tübingen 1812. 15. Thl, S. 336.
[7]) Beleuchtung S. 15.

Kath. Aber, mein lieber Herr, das soll doch nicht in der Religionsgeschichte stehen?

X. „Der Empörungsteufel Luthers gegen Papst und die heilige Mutterkirche war schon in Arnold von Brescia, Savonarola 2c. gefahren, hatte ein Heer von Antichristen und Antipapisten in den Waldensern, Wiklefiten und Hussiten erzeugt,"¹)

Kath. So steht es in der Beleuchtung S. 15, in der Religionsgeschichte S. 35, 36 lautet es freilich anders. Doch übergehen wir das mit Stillschweigen; mir fehlt der rechte Name für ein solches Verfahren. Bringen Sie das „Irrige, Verdrehte" vor.

X. „Luther, ein Mann von heftiger Gemüthsart, unversöhnlich gegen den Papst," — ist nicht dies schon eine Lästerung gegen einen solchen Mann?²)

X. Ich glaube, man könnte noch viel mehr sagen. Man denke daran, wie Lessing (über die Lehre des Spinoza) die Lehre Luthers von der Unfreiheit des menschlichen Willens³) einen mehr viehischen als menschlichen Irrthum nennt, man denke an Luthers scham- und sittenlose Pasquillen,⁴) seine Ausfälle gegen den Papst, Heinrich VIII.⁵) und seine Gegner, von diesen nie in solcher Weise erwidert; man denke an seine Schriften vom ehelichen Leben⁶) u. s. w., an die Gemeinheiten, die zwischen Luther und Carlstadt vorfielen;⁷) man denke an Luthers wahnsinniges Wort: „Sündige kräftig, aber glaube um so kräftiger."⁸) Er selbst gesteht übrigens, daß er keineswegs so sanft und leis wie Melanchthon auftreten könne.

Prot. Es kann wohl nicht geleugnet werden, daß Luther oft leidenschaftlich handelte; seiner Ueberzeugung gemäß konnte er aber nicht widerrufen, insofern mag man ihn „unversöhn-

---

¹) Beleuchtung S. 20.
²) S. 49.
³) de servo arbitrio adv. Erasm. 1525. Walch, Bd. XVIII. S. 20. 50.
⁴) cf. Raemundus I, 11; Sleidanus, l. 16. f. 365. Straßb. 160:.
Walch, Bd. XVII. S. 1278 ff.
⁵) Walch, Bd. XIX. S. 468 ff. De Wette, Bd. III. S. 23.
⁶) 152 Jen. Ausg. Thl. II. f. 168: „Will Frawe nicht, so komme die Magd; — will sie dann nicht, so laß dir eine Esther geben und die Basthi faren, wie der König Affuerus that."
⁷) Walch, Bd. XV. S. 2423.
⁸) Brief an Melanchthon: L jen. ed. Coelest. f. 345 & Epist. Lytheri a Joh. Aurifabro coll. 1.

lich nennen. Dies wenigstens kann ihm nicht zum Vorwurfe gemacht werden.

Kath. Wohl aber das, daß er bald heuchlerisch widerrief,¹) der Kirche sich in Allem zu unterwerfen versprach, bald voll des Hasses und der Bosheit gegen Papst und Kirche erklärte: „Ich bin ein Doktor über alle Doktoren! Ich frage nichts nach tausend Augustino's, nichts nach tausend päpstlichen Kirchen. Ich, Martin Luther, will's also haben; statt aller Gründe gelte mein Wille." Wie verfuhr dann Luther selbst gegen seine Schüler, Jünger und Freunde, die aus seinem System nur weitere Consequenzen zogen, (Wiedertäufer, Carlstadt, Agricola, Zwingli ꝛc.) „gegen die Sakramentirer und Satansdiener, gegen die man äußerste Strenge anwenden müsse."²) Was ist von dem Charakter eines Mannes zu halten, der sich selbst in folgendem Ausspruch zu erkennen gibt: „Das bekenne ich, wo Dr. Carlstadt oder sonst Jemand anders vor 5 Jahren mich hätte mögen berichten, daß im Sakrament nichts anderes wäre, denn Brod und Wein, der hätte mir einen großen Dienst gethan, weil ich wohl sehe, daß ich damit dem Papstthum den größten Puff hätte geben können, — aber ich bin gefangen, ich kann nicht heraus, der Text ist zu gewaltig da und will sich mit Worten nicht lassen aus dem Sinn reißen."³)

L. Sie verstehen prächtig das Schlimme an Luther aufzusuchen, verschweigen aber ganz das Gute.

Kath. Nennen Sie mir dieses, und ich will es gern anerkennen.

Prot. Sicher kann ihm ein fruchtbarer, starker Geist, Gelehrsamkeit, unermüdete Thätigkeit, hinreißende Beredsamkeit, tiefes religiöses Gefühl nicht abgesprochen werden.

Kath. Wir wollen auch dieses nicht leugnen. Aber was für Früchte hat dieser Geist gebracht? Mehr bittere als reife Früchte. „Sein starker Geist," sagt Pallavicini, „seine unermüdete Thätigkeit, war mehr zum Niederreißen denn zum Aufbauen; seine Gelehrsamkeit glich einem zerstörenden Platz-

---

¹) Vgl. Luthers Schriften bei Donatus Richzenhain, Bd. I. S. 111 a. 58. tom. I. jen. lat. f. 186 N. f. 164 a.
²) Walch, Bd. XX. S. 186 ff. 915 ff. 950. 1118 ff.
³) Walch, Bd. XV. S. 2248. — Vgl. De Wette, Luth. Briefe, Bd. V. S. 57: „Nos hic persuasi sumus, ad Papatum decipiendum omnia licere."

regen, nicht einem befruchtenden Sommerregen; seine Beredsamkeit, reich, aber gleich einem Staub erregenden, „die Augen blendenden Sturm;"¹) sein tief religiöses Gefühl, überreizt und irregeleitet — man denke daran, wie er bei seiner ersten Messe 2. Mai 1507 plötzlich vom Altare weglief,²) bei seinem Aufenthalte in Rom die Rührung und Andacht bis ins Uebertriebene und Verzerrte zeigte,³) wie er mit dem Teufel Verkehr zu haben glaubte.⁴) — Wir müssen mit Erasmus sagen: „Wäre doch in Luther's Büchern nicht soviel Gutes, oder wäre doch dieses Gute nicht durch unerträgliche Schlechtigkeit verdorben worden." Die Widersprüche in Luther sind so zahllos, daß man zwei ganz verschiedene Personen in ihm zu finden glaubt.⁵)

X. Wie konnte Luther eine Versöhnung zu Stande bringen, da „bei den Katholiken sich vergleichen, versöhnen nur sich unterwerfen hieß?"⁶)

Kath. Allerdings konnte die Kirche nichts von ihrer Lehre aufgeben, nicht schweigen zum Irrthum; sie müßte sonst sich selbst, ihre göttliche Stiftung leugnen. Luther freilich konnte und verfuhr wirklich anders, wie er sich öfters zu schweigen erbot, wenn seine Gegner schwiegen.

X. „In der Religionsgeschichte heißt es weiter: Die reichen Klöster und Abteien hat er den habsüchtigen Fürsten und Herren preisgegeben. Diese aber konnten sie nach den damaligen Umständen allein an sich ziehen, verwendeten sie zum Besten für Kirche und Schule."⁷)

---

¹) Alzog, Kirch. Gesch. §. 319 S. 753. 6. Aufl.
²) Tischreden, lat. tom. 2. p. 13 b.
³) Vgl. Döllinger, Reform. Bd. I. S. 278.
⁴) Tischreden, Eisleben f. 307 b. „der Teufel habe öfter und näher bei ihm geschlafen als seine Käthe."
⁵) Bald beruft er sich vom Papst an ein Concil, bald verwirft er dieses geradezu (Walch, Bd. XIX. 1034 ꝛc.), bald beruft er sich allein auf die hl. Schrift, bald nennt er ein Buch derselben (Tobias) eine „Komödie, die viel Lächerliches und närrisch Dings enthält," nur ein Evangelium (Joh.) das „einzige gute, recht beglaubigte," einen Brief (Jak.) eine „recht ströherne Epistel;" bald beruft er sich auf „die lieben Väter," (Walch, Bd. XX. S. 2089), bald sagt er: „Alle Väter haben im Glauben geirrt und, so sie vor'm Tod sich nicht bekehrt haben, seynd sie ewig verdammt." Vgl. Döllinger l. c.
⁶) Beleuchtung S. 50.
⁷) Ebendas.

Kath. Die Fürsten befanden sich doch nicht in der äußersten Noth; was aber sonst für „Umstände" Diebstahl und Raub rechtfertigen könnten, wüßte ich nicht. Ueber die „gute Verwendung für Kirche und Schule" will ich auch keine Nachweise von Ihnen fordern, sowenig als von dem Herrn Beleuchter, der seine ganze Geschichtskenntniß aus Duller's Geschichte des deutschen Volkes geschöpft zu haben scheint.[1]) Zu theilweiser guter Verwendung sahen sich die Fürsten eben gezwungen, um die öffentliche Meinung nicht allzusehr zu erbittern.[2])

X. „Wie aber konnte Ihr Katechismusschreiber sagen, Luther habe die guten Werke für unnütz erklärt? Er forderte sie vielmehr als unerläßlich, aber in zweiter Linie stehend, nach dem Glauben."[3])

Kath. Der große Reformator hat eben hierin sich inkonsequent erwiesen. Anfangs verwarf er die guten Werke, später als er den steigenden Sittenverfall unter den Seinigen sah, kam er nachdrücklich auf gute Werke zurück. Er kam eben aus den Widersprüchen nicht heraus. Nachdem Luther einmal gesagt hatte, „der Wille Gottes zertrümmere den ganzen freien Willen des Menschen,"[4]) wie konnte er da noch gute Werke gelten lassen? Deßhalb verfälschte er Röm. 3, 28, indem er „allein" hinzusetzte, und andre Bibeltexte[5]) So sagt er: „Wo der Glaube ist, da schadet keine Sünde."[6]) „Von demselben (Christus) wird uns keine Sünde scheiden, ob wir gleich tausend und abermal tausend Mal in einem Tage — — und todtschlagen."[7]) „Kein Werk, kein Gebot ist einem Christen noth zur Seligkeit;"[8]) „es ist kein Gesetz, auch das Gott selbst gegeben hat, das ein einziges Werk von den Gläubigen zu fordern hat als nöthig zur Seligkeit."[9]) „Die wahrhaft

---

[1]) Vgl. S. 23 und 51. — Der Vertrag Paschalis II., auf den sich die Beleuchtung beruft, von Heinrich V. erpreßt, konnte und durfte nicht gehalten werden. Vgl. Hard. t. VI. P. II. p. 1899—1914.
[2]) Döllinger, Reformation II. Bd. S. 703.
[3]) Beleuchtung S. 51 ff.
[4]) de servo arbitr. ad Erasm. 525. Walch, Bd. XVIII. S. 20. 50.
[5]) Vgl Döllinger, Reform. Thl. III., S. 151—156.
[6]) II jen, g. 223 b. N. f. 234 b.
[7]) L. jen. ed. Coelest. f. 345.
[8]) Luther's Schriften, Eisleb. Ausg. Bd. I. 14 a.
[9]) Lutheri opera, ed. Wittemb. t. III. 378. Walch, Bd. VIII. S. 1655. — Die verschiedenen Aeußerungen Luthers hierüber sind gesammelt bei Döllinger, Reformation, Bd. I. S. 95—105, Bd. III. S. 302—306.

guten Werke, die Luther that,"¹) waren wohl, daß er die Nönnen aus den Klöstern befreite, heirathete u. s. w.?

X. „Wo aber finden Sie im ersten und zweiten christlichen Jahrhundert Lehre und Vorschrift für Messe, Ohrenbeicht, Fasten, Fürbitte für Verstorbene?"²)

Kath. Die Grundlagen aller dieser Dogmen und Gebräuche sind hinlänglich im Alterthume bezeugt. Von der Messe reden im Wesentlichen (denn nur das Wesentliche war überall dasselbe) Justin der Martyrer,³) Irenäus,⁴) die apostolischen Constitutionen;⁵) von der Beichte reden Origenes⁶) und Tertullian;⁷) von der Fürbitte für die Verstorbenen wiederum Tertullian;⁸) über das Fasten hat letzterer ein eigenes Buch⁹) geschrieben, und Irenäus¹⁰) wie Origenes¹¹) erwähnen es häufig. Alle diese Zeugen sahen diese Dinge nicht für etwas Neues, sondern für etwas längst Bestehendes an.

X. „Wie aber hat Ihr Katechismus Luther's Heirath dargestellt?"¹²)

Kath. Die Religionsgeschichte (S. 37) sagt: „Endlich brach er das Gelübde der Keuschheit, welches er als Mönch und als Priester feierlich abgelegt hatte, und nahm eine Nonne zum Weibe." Was ist daran nun falsch oder entstellt?

X. Vor Allem ist schon das Gelübde nicht begründet in der hl. Schrift.

Prot. Das Gelübde ist wohl schon im alten¹³) wie im neuen¹⁴) Testamente begründet; aber das Gelübde muß etwas Gott Wohlgefälliges enthalten: das ist aber das ehelose Leben nicht.

---

¹) Beleuchtung S. 52. — „Seine hervorstechenden Tugenden" S. 48.
²) Beleuchtung S. 51.
³) Dial. c. Tryph. c. 117. Apol. I. 67. Möhler's Patrologie S. 249 ff.
⁴) Iren. adv. haer. l. IV. c. 17. 18. Möhler's Patrologie S. 385—390.
⁵) Const. apost. l. II. & l. VIII.
⁶) Orig. hom. II. & III. in Levit., hom. II. in Ps. XXXVII. n. 6. hom. XVII. in Lucam.
⁷) Tert. de poenit., bes. c. 10.
⁸) Tertull. de corona mil. c. 3. de exhort. castitatis. c. 11.
⁹) Tert. de jejuno. Vgl. Neander Kirchengesch. I, 1. S. 150 III. a.
¹⁰) Iren. ep. ad Vict. apud Eus. H. E. V, 23. 24.
¹¹) Orig. hom. X. in Levit. & l. VIII. c. Celsum.
¹²) Beleuchtung S. 52. 53.
¹³) Vgl. 1. Mos. 28, 20—22; 3. Mos. 27; 4. Mos. 30, 3 ff; 21, 2 ff 5. Mos. 23, 22 ff; Pred. 5, 3. 4; Ps. 75, 12; 1. Kön. 1, 11.
¹⁴) Apstg. 21, 23.

Kath. Wie könnte, dann Paulus sagen: „Wer seine Tochter verheirathet, thut wohl; wer sie aber nicht verheirathet, thut besser"[1] u. s. w.

Prot. „Das Mönchs- und Klosterleben aber, ist weder im Sittengesetz (10. Geb.) noch im neuen Testamente überhaupt noch im Leben der Apostel und ältesten Christengemeinden begründet."[2]

Kath. Sie werden aber auch gewiß nicht behaupten wollen, daß es dem Sittengesetze widerspricht? In den Worten Christi Matth. 19, 21 und Luk. 20, 35, in dem Rathe des Apostels Paulus findet es vielmehr seine Begründung. Schon in den ersten Jahrhunderten, besonders im dritten finden wir das Einsiedler-, Anachoretenleben, Clemens von Alexandrien erwähnt solches durch Gelöbnisse geregeltes Leben.[3]

X. „Dasselbe können Sie denn auch von Petrus sagen; er brach das Gebot der Keuschheit, denn längst hatte er eine Frau genommen, mit der er fortwährend in verbrecherischer Ehe lebte."[4]

Kath. Ihr Herr Beleuchter hat die Kunst den hl. Petrus zu schildern wohl von Professor Hofmann in Erlangen gelernt, der, ohne von Döllinger's großem Quellenwerk über die Reformation Notiz zu nehmen, dessen kurze Biographie Luthers dadurch bekämpfte, daß er eine scheinbar ganz ähnliche Skizze vom Leben des hl. Paulus entwarf. — Petrus hatte ein Weib genommen, wie Sie selbst gestehen, längst zuvor, ehe er zum Apostel berufen war, lebte aber als Apostel nicht mit ihr.[5] Petrus spricht (Matth. 19, 27) zu dem Herrn: „Siehe, wir haben Alles verlassen." Was ist unter dem „Alles" zu verstehen? Der Heiland sagt es in seiner Antwort: (v. 28—30) „Haus, Brüder, Schwestern, Vater, Mutter, Weib, Kinder, Aecker."

X. „Warum war aber bis zu Gregor VII. (Hildebrand) über 1000 Jahre die Ehe der Geistlichen erlaubt, unangefochten und bestehend?"[6]

---

[1] 1. Cor. 7, 25 ff; vgl. Matth. 19, 10 ff.
[2] Beleuchtung S. 53.
[3] Strom. III, 15.
[4] Beleuchtung S. 26, 29.
[5] Tert. de monog. c. 8., Hier. a. Jovin. I, 21.
[6] Beleuchtung S. 54.

Kath. Haben Sie noch nichts gehört — oder hören wollen — von den Concilien zu Elvira (305), Ancyra (314) Neucäsarea¹) (314), Karthago, Orange, Agde (390, 441, 506), nichts von den Dekreten der Vorgänger Gregor VII., Siricius, Leo d. Gr. bis Alexander II., deren uralte Dekrete Gregor blos eingeschärft hat? Auch nichts von Kaiser Justinian, dessen im Orient geltendes Gesetzbuch sammt den griechischen Canones fortwährend jede Verheirathung nach der Ordination vom Subdiakonat an strengstens verbot und die so erzeugten Kinder für unehelich und illegitim erklärte²)? Hat nicht, ehe Gregor VII. den päpstlichen Stuhl bestieg, der hl. Petrus Damiani die Kirchengesetze über den Cölibat zusammengestellt, und die nichts weniger als neuen Einwürfe der Cölibatsgegner entkräftet?³) — Auch hier kann demnach nur gänzliche Ignoranz in der Geschichte oder geflissentliche boshafte Lüge der gegnerischen Behauptung zu Grunde liegen.

L. „Luther stand aber bereits durch den Bann außerhalb der katholischen Kirche, war nicht mehr an deren Gelübde gebunden, Katharina von Bora war keine Nonne mehr, nachdem das Gesetz der Ehelosigkeit von Luther für null und nichtig erklärt worden war."⁴)

Kath. Ein gültig abgelegtes Gelübde selbst aufheben heißt es brechen; das that aber Luther. Er war kein Augustinermönch mehr, wie ein desertirter Soldat kein Soldat mehr ist. Katharina von Bora, die am hl. Charfreitag 1523 das Kloster verließ,⁵) war keine Nonne mehr, sondern etwas Anderes, — sowie ein Weib, das seinen Mann verläßt und mit Anderen lebt. —

L. „Auch die Bauernaufstände werden Luther zur Last gelegt. Waren nicht schon lange vor Luther solche dagewesen? Wer hat stärker gegen ihre Gewalt- und Unthaten geschrieben

---

¹) Der Canon 1. dieser Synode verhängt über einen Priester, der sich verheirathet, die Absetzung.
²) Cod. de Episc. I. 3. 1. 42. 45. Nov. 6. c. 5; 22 c. 42; 123 c. 14.
³) Petrus Damiani Opusc. 17 de coelibatu sacerdotum ad Nicolaum Papam. Opusc. 18 contra intemperantes Clericos (Migne Patrol. lat. tom. 145 p. 379 seq. 387 seq.).
⁴) Beleuchtung S. 53.
⁵) II. Jen. g. 223. I. N. f. 234 b.

als Luther? Waren sie nicht am stärksten unter katholischen Fürsten?"[1])

Kath. Sicher hat Luther diese Aufstände veranlaßt und herbeigeführt, wenn auch nicht beabsichtigt. Die Lehre Luthers von der evangelischen Freiheit, von den Bauern begierig aufgenommen und noch mißdeutet, Luthers Aufforderung, das Joch der Pfaffen und Mönche abzuwerfen, fanatisirte die Bauern, deren Aufstand sich rasch weiter verbreitete. Luther sah dies selbst ein, als er in seiner Ermahnung an die Bauern und Fürsten Erstere „liebe Herren und Brüder" nannte.[2]) Als er aber das von ihm angeschürte Feuer nicht mehr zu löschen vermochte, da forderte er in seiner Schrift „wider die räuberischen und mörderischen Bauern" die Fürsten auf, „die Bauern wie tolle Hunde todtzuschlagen."

L. Wie hat aber Ihre Religionsgeschichte es wagen können, Luther zu einem Jesuiten zu machen?[3])

Kath. Wäre jedenfalls der größte Verstoß von allen und allzuviel Ehre! Aber wo ist denn Das geschehen?

L. Sie sagt: „Er scheute nicht leicht ein Mittel." Meines Wissens ist es nur Grundsatz der Jesuiten, daß der Zweck die Mittel heilige.[4])

Kath. Wenn dies den Jesuiten macht, dann müßte ich allerdings Luther für einen solchen halten. — Auf jene schon längst bei Protestanten wie Katholiken lächerliche Anklage gegen den Jesuitenorden aber nochmals zu antworten, müßte ich mich schämen. Aber Eines will ich Sie doch fragen: Haben Sie noch nie etwas von dem als Kanzelredner berühmten Pater Roh gehört oder von dessen Herausforderung?

L. Den Namen habe ich in den Zeitungen gelesen; von einer Herausforderung wüßte ich nichts, ausgenommen, daß das ganze Auftreten dieses abscheulichen Exjesuiten in überwiegend protestantischen Städten eine Provokation ist.

Kath. Nun hören Sie! Im Jahre 1852 hat besagter P. R. zu Frankfurt am Main von der Kanzel herab erklärt,

---

[1]) Beleuchtung S. 55.
[2]) Walch, Bd. XVI. S. 5 ff. — Bd. XXI. S. 149 ff.
[3]) Beleuchtung S. 55.
[4]) Beleuchtung S. 55.

er wolle Jedem, der aus den 32,000 von Gliedern der Gesellschaft Jesu verfaßten Schriften einer der beiden juristischen Fakultäten in Heidelberg oder Bonn eine Stelle nachweisen werde, welche den Grundsatz: „der Zweck heiligt die Mittel" so oder mit andern Worten enthielte, tausend Gulden zahlen und sich sofort von dem Orden lossagen. Bis heute hat von den vielen protestantischen Gelehrten, die so viele Bücher durchwühlen, noch keiner die 1000 Gulden verdient, die er, wofern er ihrer nicht für sich bedurfte, ja für protestantische Waisenhäuser, Diakonissenanstalten oder für arme evangelische Kirchen in Oesterreich oder wo immer hätte verwenden können. Dazu wäre es ein Gewinn gewesen, einen so begabten Mann, wie dieser Roh auch nach dem Zeugnisse der Protestanten einmal ist, den Klauen der Jesuiten zu entreißen oder ihn doch zu demüthigen und zu compromittiren. Derselbe Jesuit, der vor Kurzem in dem protestantischen Halle predigte, hat daselbst am 7. Januar 1862 seine Herausforderung auf das Bestimmteste wiederholt.[1]) Wollten Sie nicht als gelehrter Mann sich den Preis von 1000 fl. erringen?

X. Halle ist Universitätsstadt; dort könnte man allenfalls Das leichter ausführen. Uebrigens will ich es nicht gerade bestreiten, daß die jesuitische Schlauheit in Büchern diesen Grundsatz zu predigen sich vielleicht gehütet hat; desto mehr hat sie ihm in der Praxis gehuldigt.

Kath. Aber sehen Sie denn nicht, daß solche Angaben, so lange sie nicht bewiesen sind, Denen, die sie ausstreuen, und Denen, die sie nachbeten, das Brandmal der Verläumdung aufdrücken, und daß es ein schweres Unrecht ist, einem Menschen, und wäre es auch nur ein Jesuit, eine unsittliche Lehre aufzubürden, ohne dafür unwiderlegliche Beweise zu haben? Was wir Katholiken gegen einen Ihnen so hoch stehenden Mann vorbringen, dafür legen wir auch die Beweise vor. Welche Mittel nämlich Luther gebrauchte, um seiner Lehre Eingang zu verschaffen, davon ist unter Andern ein Beweis, daß er dem Landgrafen von Hessen eine zweite Frau zu nehmen erlaubte.

X. „Luther hat diesen Schritt nie gebilligt, er hat nur

---

[1]) N. Hall. Zeitung 8. Jan. Mainzer Journal 12. Januar. 1862. Beil.

nachgegeben, um größeren Fall des sonst ehrlichen, sittlichen Fürsten zu verhüten."[1])

Kath. Was heißt das aber anders als um eines guten Zweckes willen hat er ein — wie Sie doch gewiß selbst zugeben — durchaus schlechtes Mittel gebraucht. Er hat den Ehebruch, die Polygamie erlaubt, um größeres Uebel — nämlich für die Verbreitung seiner Lehre — zu verhindern.[2])

Prot. Es muß zugegeben werden, daß Luther und die Wittenberger Theologenfakultät dem anfragenden Markgrafen die zwei Frauen bewilligt und den Satz aufgestellt hat, die gleichzeitige Polygamie sei durch das Christenthum nicht verboten, sondern erlaubt, unter Umständen[3]) sogar rathsam. Tenzel v. Gotha, Seckendorf[4]) u. A. tadelten deßhalb auch Luther.

Kath. Andere freilich, wie Leyser und Bruckner, vertheidigten jene Antwort mit vieler Keckheit.[5])

X. „War aber nicht Gleiches unter päpstlichen Augen und Ohren vorgekommen? Warum sagen Sie nichts von einem Herrn von Gleichen?"[6])

Prot. Richter und Weisse suchen die Begebenheit mit der Ehe Philipps von Hessen durch einen ähnlichen Fall auf katholischer Seite auszugleichen. Allein es ist das Fabelhafte dieser Erzählung längst bündig dargethan. Es spricht für sie kein einziges Dokument.[7])

Kath. Dagegen konstatiren die aus dem Kasseler Archiv veröffentlichten Urkunden[8]) auf die schmachvollste Weise die Nachgiebigkeit der Reformatoren gegen einen Fürsten, dessen Beistand sie brauchten. Sicher hatten sie gar keine Anlage, einem mächtigen Fürsten gleich Johannes dem Täufer ein „Es ist dir nicht erlaubt" zuzurufen, und ebensowenig waren sie dazu an-

---

[1]) Beleuchtung S. 55.
[2]) Schon oben S. 20 wurde eine hieher gehörige Stelle Luther's erwähnt: „Um das Papstthum zu täuschen, ist Alles erlaubt."
[3]) „Weil er von starker Leibesbeschaffenheit sei." Uhlenberg, Gesch. d. luth. Ref. II.
[4]) Seckendorf. hist. Lutheranismi l. III. sect. 21. § 79.
[5]) Leyser, medid. ad pandect. t. V. p. 101—104. Bruckner, decis. matrim. c. 14. Gothae 1695.
[6]) Beleuchtung S. 55
[7]) f. Placidus Muth, Disquis. critica in bigam. criticam Com. de Gleichen. Erfurt 1788.
[8]) f. Dr. Hepp's Urkundliche Beiträge zur Geschichte der Doppelehe des Landgrafen Philipp von Hessen. Niedner's Zeitschrift für histor. Theologie. 1852 Heft 2. S. 262—283.

gethan, sich den Ruhm zu verdienen, den im Kampfe gegen weit mächtigere Fürsten, welche die Heiligkeit der christlichen Ehe verletzten, so viele Päpste sich errungen haben, wie Nikolaus I. bei der Ehescheidung des Königs Lothar, Innocenz III. in Sachen des Königs Philipp August und Alphons IX. von Leon, Clemens VII. in Sachen Heinrich VIII. „Es mußte einen heilsamen Eindruck," schreibt Neander[1]) bezüglich des Papstes Nikolaus I. bei Gelegenheit der Ehescheidung Lothars, „für das Papstthum auf die öffentliche Meinung machen, daß der Papst sein oberrichterliches Ansehen über Fürsten und Bischöfe gerade geltend machte in einem Falle, wo er als Beschützer der unterdrückten Unschuld, als Bestrafer pflichtvergessener Prälaten erschien, wo er seine geistliche Gewalt gebrauchte, um auch die Mächtigen der Erde zur Achtung vor dem heiligen Gesetze zu nöthigen, wo es sich an einem Beispiele zeigte, wie segensreich in diesem rohen Zustande der Gesellschaft eine solche an der Spitze der ganzen Kirchenleitung stehende Macht als Schranke unsittlicher Willkühr wirken konnte."

X. „Wie aber kann Ihre Religionsgeschichte (S. 37. 38.) sagen, die bequeme, dem sinnlichen Menschen zusagende Lehre sei der Grund ihrer schnellen Verbreitung bei der leichtsinnigen Volksklasse gewesen?"[2])

Kath. Hören Sie darüber die Reformatoren selbst. Calvin[3]) sagt, daß unter 10 Evangelischen kaum Einer zu treffen sei, der aus einer andern Ursache evangelisch geworden wäre, als um desto freier aller Ueppigkeit und Sinneslust sich hingeben zu können. Luther selbst klagt: „Der mehrere Theil machet eine fleischliche Freiheit aus dem Evangelio."[4]) „In unsren Kirchen sind die Leute so faul und unfleißig, Gutes zu thun, daß nicht zu sagen ist,"[5]) so daß „viele Landleute sogar des Vaterunsers und der zehn Gebote vergaßen und sich deren nicht mehr erinnern konnten, ausgenommen die sehr alten Leute, die es noch im Papstthum gelernt hatten," so daß Luther gestehen mußte, „Die unter dem hellen Lichte des (seines) Evan-

---

[1]) Neander Kirch. Gesch. II., 1. S. 192.
[2]) Beleuchtung S. 22.
[3]) Comment. in ep. Petr. 2, 2.
[4]) Luther's Ausleg. des Evang. Joh. Walch, Bd. VII. S. 2318.
[5]) Luther's Erklär. des Briefs an die Gal. Walch. Bd. VIII. S. 2689.

geliums seien nur habgieriger, schamloser und schlechter geworden, als vormals unter dem Papstthum."¹)

Prot. Luther selbst wirft gegenüber den Zwinglianern, Wiedertäufern u. s. w. den Deutschen ihre Sucht nach Neuerungen vor.²)

Kath. Bekannt ist der Ausspruch Friedrich des Großen in seinen Denkwürdigkeiten von Brandenburg: „Will man die Fortschritte der Reformation auf ihren einfachen Grund zurückführen, so wird man finden, daß es in England die Weibersucht, in Deutschland die Geldsucht, in Frankreich die Neuerungssucht war." Ich will nicht leugnen, daß alle diese Gründe bald mehr, bald weniger zusammen wirkten.

X. „Hatten nicht die letzten hl. ökumenischen Concilien von Constanz und Basel selbst eine Reformation an Haupt und Gliedern gefordert, seufzten nicht alle Besseren damals danach?"³)

Kath. Daß Ihnen und Ihrem Herrn Beleuchtungsfabrikanten gerade nur diese zwei **nicht durchweg ökumenischen** Concilien so sehr am Herzen liegen, daß der Letztere gar nicht satt wird, sich darauf zu berufen, (Vgl. Beleuchtung S. 16, 23, 24, 41, 47), während Sie die übrigen unbestreitbar ökumenischen Concilien nicht viel interessiren, ist leicht verständlich. Ebenso finde ich es klar, daß Sie sich so gerne auf jene wenigen Katholiken berufen, die wie Febronius und Wessenberg⁴) halb und halb zum Protestantismus hinneigten und von dessen Grundsätzen Vieles eingesogen hatten. Aber die Wittenberger Theologie ist sonst den Concilien nicht sehr hold. Im Jahre 1524 schrieb Luther einem Freunde, der Name Concilium sei ihm so verdächtig und so verhaßt als der Name „freier Wille;" habe man doch schon auf dem Apostelconcil in Jerusalem mehr von den Werken als vom Glauben gehandelt, und auf den folgenden Concilien sei nie vom Glauben, sondern nur von Meinungen und Streitfragen disputirt worden.⁵) „Es

---

¹) Vgl. den protest. Musculus im Buche vom jüngsten Tage, 1603, Francf. a. d. O. p. D. 5 ff.
²) Walch. Bd. XX. S. 957: „Wir Deutsche sind solche Gesellen, was neu ist, da fallen wir auf und hängen bran wie die Narren, und wer uns wehrt, der machet uns nur töller darauf: wenn aber Niemand wehrt, so werden's wir bald selbst satt und müde, gaffen darnach auf ein ander Neues."
³) Beleuchtung S. 23 ff.
⁴) S. 9. 16.
⁵) epist. ed. Aurifabr. II. 248.

ist,“ sagt er ein andermal, „der größten Unglück eines in der Christenheit der schändliche, verdammte Wahn, daß man die Concilia achtet, sie haben den hl. Geist.“¹) — Warum gelten nun Ihnen die Concilien von Constanz und Basel so viel? Nehmen Sie denn sonst deren Autorität an? Dann müssen Sie (horribile dictu!) auch die unbefleckte Empfängniß der hl. Jungfrau annehmen: denn diese hat das Concil von Basel definirt (36. Sitzung); wäre es keine hauptlose und zugleich schismatische Versammlung²) gewesen, so hätte es der Definition von 1854 gar nicht bedurft. Das Concil von Constanz hat erst seit der 13. Sitzung allgemein anerkannte öcumenische Geltung, und gerade die Dekrete, auf die man sich beruft, die über die päpstliche Autorität, sind nicht als allgemein gültige anerkannt worden,³) sonst müßten die größten Theologen, wie Bellarmin, den Häretikern beizuzählen sein. Bequem ist's freilich, aber nicht konsequent, das Concil von Constanz zu verherrlichen, wo es sich um die Stellung des Conciliums zum Papste handelt, und es wieder in den Koth zu werfen, wenn von Hus⁴) und Hieronymus von Prag die Rede ist, wie so gern Viele der Ihrigen thun. Doch das sind Alles untergeordnete Dinge. Gehen wir zur Hauptsache. Wahr ist es, daß jene Zeit, die Menschen in ihr einer Reformation in mancher Beziehung bedurften, daß die Besseren nach andern Zuständen verlangten. Insofern gebe ich Ihnen auch gerne zu, was die Beleuchtung S. 37 sagt: „die Reformation ist ein Gericht Gottes in der Welt- und Kirchengeschichte,“ nicht aber eine That Gottes, sondern die That einzelner Köpfe, von Gott zur Strafe Vieler zugelassen. Freilich verursacht der Funke nur dann eine Feuersbrunst, wenn er auf brennbares Material fällt. Und solches war eben genug vorhanden. Die Mißbräuche des Mittelalters u. dgl. dienten aber nur als Gelegenheiten und Vorwände.⁵) Das Bedürfniß der Reform erkannten die besten Männer an, auch das fünfte Lateranconcil. Es fehlte nicht an weisen Gesetzen und Vorschlägen, es

---

¹) Walch, Bd. XIX. 1034. Vgl. Bd. XI. 1891.
²) Philipp's Kirchenrecht IV. Band. § 195. S. 449—456.
³) Philipp's daselbst § 194, S. 436—449.
⁴) Vgl. Beleuchtung S. 47.
⁵) Balmes, Katholicismus verglichen mit dem Protestantismus. (Deutsche Ausgabe. Regensburg, 1845.) Thl. I. S. 15 ff.

fehlte an den Menschen. Die wahren Reformatoren mußten bei sich selber anfangen, sich sittlich läutern und die Anderen empor ziehen. Das thaten Karl Borromäus, Pius V. und so viele große Männer in und nach dem Concil von Trient in der That; durch sie ward die Christenheit wahrhaft geläutert, nicht aber durch die große Sinnlichkeit und die Beseitigung aller Bande und Zügel.

X. „Wenn Sinnlichkeit und Unbesonnenheit der Menge Ursache zur Verbreitung der Reformation gewesen wäre, so wären diese wohl bald vertrieben worden mit Schwertern, Scheiterhaufen, Foltern, Exil, Wasser, Feuer, womit man ihnen zu Leibe ging.[1]) Man denke an die Bluttaufe von Magdeburg,[2]) die Verfolgung der Hugenotten in Frankreich.[3])

Prot. Was Magdeburg betrifft, so haben Heyse, Bensen und Onno Klopp bewiesen, daß es nicht Tilly und nicht die Katholiken zerstört haben.[4])

Kath. Und was unser Deutschland betrifft, so hat sich daselbst der Protestantismus ohne alle Gefahr vor Scheiterhaufen und Foltern ausbreiten können, die hier nirgends sich vorfanden. Die sächsischen Fürsten und die hessischen Landgrafen hatten nur Gewaltmittel für die Papisten; das Wormser Edikt blieb ohne Vollzug. Auswanderung war das Höchste, was die Bekenner der neuen Lehre traf, während die Katholiken mit der Plünderung ihrer Besitzungen, mit Unbilden aller Art heimgesucht wurden und nur an einzelnen Orten Vergeltung übten. Warum reden Sie nicht von den alles Maß übersteigenden Verfolgungen der Katholiken in England und Irland? Warum nicht von den Gesetzen, die Todesstrafe über jeden katholischen Priester verhängten? Warum nicht von den ähnlichen noch 1777 und 1779 in Dänemark erlassenen Verordnungen, die jedem Ordensgeistlichen das Betreten des Landes bei Todesstrafe untersagten?[5] — Doch Sie berufen sich hauptsächlich auf die französische Geschichte. Nun denn, ich will Ihnen auf dieses Feld bereitwillig folgen. Notorisch ist, daß die französischen Hugenotten die Katholiken in jeder Weise

---

[1]) Beleuchtung S. 22.
[2]) S. 43.
[3]) S. 22 ff.
[4]) S. Allg. Zeitg. von Augsb. 30. Nov. 1861. Beilage.
[5]) Reuter's theol. Repertorium 70. Band. S. 168.

herausforderten, ihre Kirchen entweihten, ihr Heiligstes verunehrten und selbst an ihnen empörende Grausamkeiten verübten. Franz I. war ihnen Anfangs günstig gewesen; da sie aber sich sogleich in den ersten Zeiten erkühnt hatten, Bilder Christi und Mariäs zu verstümmeln und eine giftige Schmähschrift auf die katholische Abendmahlslehre an ihres Königs Thüre anzuschlagen,¹) da hielt er von nun an diese Bewegung mit gewaltiger Hand darnieder, um so mehr, als die hugenottische Bewegung einen politischen Charakter angenommen hatte. Selbst als man ihnen freie Religionsübung gestattete, setzten sie ihre Verheerung alles Katholischen fort, ja sie wurden nur um so dreister, eine Menge Priester und Mönche wurden nun wieder durch sie getödtet; erst als das hugenottische Consistorium zu Castres sogar beschloß, Jedermann mit Gewalt in die protestantischen Predigten zu führen, und als die Synode zu Nimes alle katholischen Kirchen in der Diöcese niederzureißen befahl, — da endlich wurden auch die Katholiken mit Erbitterung gegen ihre Dränger erfüllt.²)

X. Immerhin werden Sie die Verfolgung jener Glaubenshelden³) durch die Katholiken nicht zu bestreiten vermögen. Das einzige Faktum der Bartholomäusnacht rechtfertigt die Beleuchtung hierin nur zu sehr.

Kath. Ihre hugenottischen „Glaubenshelden," die ihre Heldenthaten mit Zerstörung der Kirchen und Altäre, Peinigung der Mönche, Entehrung der Nonnen begonnen hatten, ließen z. B. zu Orther (1569) allein 3000 Katholiken niedermetzeln, bei S. Sever 200 Priester in einen Abgrund stürzen, beraubten, verwüsteten und zerstörten während der 3 ersten Religionskriege 50 Kathedralen und 560 katholische Kirchen u. s. w. Davon ist aber keine Rede. Der keineswegs zu rechtfertigende Gewaltstreich der Bartholomäusnacht ging von der intriguanten Katharina von Medicis aus, die mit jeder Partei sich verband, die eben ihren Zwecken diente. Die Zahl der Getödteten wird gewöhnlich übertrieben angegeben; sie betrug in Paris etwa 1000, in den anderen Städten etwa 3000,

---

¹) Gordesius, hist. evang. ren. IV. 50.
²) Vgl. Chowanetz, geschichtlicher Wahrheitsspiegel. Neisse, 1865. 7. Gespräch, S. 96 ff.
³) Beleuchtung S. 22.

worunter auch Katholiken waren.¹) Kein Priester oder Mönch erschien bei jener Begebenheit; im Gegentheile, nahmen sich mehrfach Bischöfe und Priester der Hugenotten an, z. B. Bischof Hennyer von Lisieux. Unter Ludwig XIV. mißbilligte Innocenz XI. die Bedrückungen der französischen Protestanten und that selbst Schritte, größere Schonung zu erlangen. Das bezeugen Mazure²) und Macaulay.³) Vergessen wir übrigens auch nicht über der Bartholomäusnacht, wie die Reformatoren selbst die Toleranz übten.

L. „Gewiß nie eine solche, wie sie die Päpste durch die Inquisitionstribunale geübt haben."⁴) „Alexander, Attila, Napoleon, aber auch die Innocenze, Bonifazius und Clemens haben Millionen verbluten und verkohlen lassen."⁵) „In Spanien allein sind 2—3 Millionen"⁶).

Kath. Sie verwechseln die kirchliche Inquisition und die spanische Staatsinquisition, wie das gewöhnlich geschieht. Die kirchliche Inquisition ist nicht erst von Innocenz III. eingeführt⁷), sondern begründet im Lehr- und Richteramte der Kirche, schon in den ersten Jahrhunderten vorhanden. Innocenz III. hat nur neben dem bisher geltenden Princip der Anklage das des inquisitorischen Untersuchungsverfahrens eingeführt, da Niemand mehr die übermächtigen Ketzer öffentlich anzuklagen wagte.⁸) An den meisten Orten war übrigens dies Verfahren schon früher vorhanden. Bei der engen Verbindung zwischen Staat und Kirche im Mittelalter war es nicht anders zu erwarten, als daß die Autorität der kirchlichen Inquisition zu der späteren Inquisition in ihrer strengsten Form gebraucht wurde. Nach dem Albigenserkriege wurden stehende Inquisitionsgerichte eingeführt in Frankreich, Spanien, Portugal und Italien, hier, um Friedrich II. übertrieben strenge Verordnungen gegen die Ketzer zu mildern.

---

¹) Vgl. Lingard's Gesch. Engl. Deutsch von Salis VIII. 97 ff. 432–437.
²) Histoire de la révolution de 1688. Paris 1825 t. II. p. 126.
³) ed. Tauchnitz II. p. 250. — Vgl. Döllinger, Papstthum. Vorrede S. XXXII.
⁴) Beleuchtung S. 29 ff.
⁵) S. 32
⁶) S. 33.
⁷) Beleuchtung S. 29.
⁸) Vgl. Hurter's Innocenz III. 2 Bd. 207 ff.

ar ust. „Papst Innocenz III. bestätigte auch die spanische Inquisition."¹)

Kath. Die spanische Staatsinquisition, veranlaßt besonders durch die Umtriebe der Juden in Spanien, war ganz geschieden von der kirchlichen Inquisition, erlangte erst von Sixtus IV. die Bestätigung, aber noch in demselben Jahre beklagte sich dieser Papst, „man habe seine Bestätigungsbulle erschlichen, indem man ihm den königlichen Plan in falscher Gestalt vorgelegt habe."²) Der Zweck dieser Inquisition war aber vornehmlich nicht die Ketzerverfolgung, sondern die königliche Gewalt weiter auszudehnen, die Prärogative des Adels und der hohen Geistlichkeit zu vernichten. Darum sehen wir auch die Päpste von nun an ununterbrochen gegen diese Staatsinquisition auftreten.³)

X. Daß die spanische Inquisition reine Staatssache gewesen, kann ich Ihnen noch nicht glauben.

Prot. Auch die protestantischen Geschichtschreiber Guizot, Leo und Ranke bestätigen, daß „diese Inquisition ein königlicher, nur mit geistlichen Waffen ausgerüsteter Gerichtshof war,"⁴) „mehr politisch als religiös," und weit mehr die Bestimmung hatte, die staatliche Ordnung zu wahren, als die Religion zu vertheidigen,"⁵) „gegen Laien und Geistliche zugleich gerichtet war."⁶)

Kath. Daß ferner die spanische Inquisition das Genie aus diesem Himmelsstriche verbannt haben soll, wie Ihr Beleuchter⁷) sagt, scheint denn doch damit nicht übereinzustimmen, daß gerade im Zeitalter der Inquisition die spanische Literatur und Kunst ihre schönsten Blüthen trieb — ich erinnere an Calderon, Cervantes, Lope de Vega, Pulgar, Mariana, Murillo, Zurita, welch' Letzterer die Inquisition höchst anerkennend beurtheilt hat.

---

1) Beleuchtung S. 31.
2) Ranke, Fürsten und Völker I., 248. — Vgl. Hefele's Ximenes. 1844. S. 257 ff.
3) Ranke, l. c. S. 242 ff.
4) Ranke l. c.
5) Guizot, Cours d'hist. moderne. Paris 1828.
6) Leo, Weltg. II, 431.
7) Beleuchtung S. 33.

K. Wie konnte aber die Kirche stillschweigend dulden, b. h. gutheißen, daß Millionen und Millionen hingeopfert wurden. „Ach wie viele, wie viele Opfer der Inquisition in Spanien!"¹)

Kath. Sie haben schon gehört, daß die Kirche dagegen aufgetreten ist. Die genauen Zahlenangaben und die „contrasignirte Liste"²) scheint Ihr Herr Beleuchter von dem Lügner Llorente zu haben, resp. diesen noch im Lügen zu übertreffen. Llorente redet bald von 750, bald von 900 „Schlachtopfern" bei einem Auto-da-Fé (actus fidei), von denen aber nicht ein Einziger anders gestraft wurde, als durch — öffentliche Kirchenbuße; er selbst weiß nur, äußerst wenige Prozesse anzugeben, die mit einer Hinrichtung endeten.³)

K. „Wie haben dagegen die Protestanten sich oft versöhnlich und großmüthig gezeigt."⁴)

Prot. Die Todesstrafe der Ketzer vertheidigen auch Luther, Melanchthon, Calvin und Beza mit wissenschaftlichen Gründen.⁵)

Kath. Auch die protestantischen Regierungen hatten ihre Staatsinquisitionen, die zum Mindesten denen in katholischen Ländern in nichts nachgaben. So nennt z. B. Ranke⁶) den hohen Commissionshof der englischen Königin Elisabeth eine Art protestantischer Inquisition. Der „milde" Melanchthon wollte die Wiedertäufer am Leben gestraft wissen,⁷) billigte die von Calvin verfügte Hinrichtung des Servet und wünschte die Katholiken mit Körperstrafen zur lauteren Lehre gebracht zu sehen.⁸) Calvin forderte den Herzog von Sommerset auf, die englischen Katholiken mit dem Schwerte zu vertilgen,⁹) und sein Schüler Theodor Beza verlangte, daß die Antitrinitarier,

---

¹) Beleuchtung S. 30.
²) S. 33.
³) Vgl. J. D. Reuß, Sammlung der Instrukt. des span. Inquis. Ger. mit Vorrede 1788. Carnicero's Schrift gegen Llorente. Madrid 1816 (span.)
⁴) Beleuchtung S. 38.
⁵) Walch, Bd. XXII. S. 215 ff. — Vgl. Strobel, Miscell. 1, 170; Ukert, Luther's Leben II, 46. Beza de haeres. 554. Melanchthon Consil. II, 204 & int. Calvin. epp. N. 187.
⁶) Geschichte der Päpste im 16. u. 17. Jahrh. II. Thl. S. 160.
⁷) Corp. Reform. ed. Bretschneider. II, 18. 711. 718.
⁸) Corp. Reform. IX. 33. 77.
⁹) Epist. ad Genev. 1579. p. 40.

selbst wenn sie widerriefen, hingerichtet werden sollten.¹) Bekannt ist die Hinrichtung des Gentilis in Bern 1566, die des Kanzlers Krell in Sachsen, die Verfolgung der Melanchthonianer unter Christian I. von Sachsen (1591—1603). In Schweden wurde Banier aus Stargard, weil er in der Rechtfertigungslehre nicht rein lutherisch dachte, hingerichtet. In Königsberg wurde Joh. Abelgreiff 1636 enthauptet und verbrannt. In Lübeck wurde Günther wegen socinianischer Ansichten im Jahre 1687 auf das Gutachten der Juristenfakultät zu Kiel und der theologischen Fakultät zu Wittenberg enthauptet.²) — —

Prot. Halten Sie ein; ich habe genug am einzigen Calvin. Es ist wahr, was der englische Protestant Gibbon³) sagt: „Die einzige Hinrichtung Servete's gibt mir mehr Aergerniß, als die Hekatomben in den spanischen und portugiesischen Auto-da-Fé. Ein katholischer Inquisitor leistet denselben Gehorsam, den er fordert; Calvin aber hat hier das Verbrechen seiner eigenen Empörung verdammt."

K. Von der Schmach der Hexenprozesse reden Sie aber nicht; „ist doch die letzte Hexe verbrannt worden, da man schrieb: Würzburg im Jahre des Heils 1749."⁴)

Prot. Sie irren sich; die letzte Hexe wurde 1780 in dem reformirten Canton Glarus in der Schweiz geköpft, wie unter Andern auch der Historiker Joh. Matthias Schröckh⁵) meldet.

Kath. Ueberhaupt waren nachweisbar die Hexenprozesse stärker bei Protestanten als bei den Katholiken verbreitet.⁶)

K. „Franz von Sales bekehrte 72000 Savoyer nach der Religionsgeschichte S. 44 durch seine Sanftmuth — oder durch Inquisition?⁷) Franz Xaver durchzog ganz Indien

---

¹) Crenii animadversiones XI, 90.
²) Arnold's Kirchenhistorie II. 643. Daraus bei Döllinger Papstthum S. 81. Note 2.
³) Geschichte vom Verfall des römischen Reiches. Kap. 54. Anmerk. 36.
⁴) Beleuchtung S. 30.
⁵) Christl. Kirchengeschichte seit der Reformation VII. Theil. Leipzig 1807. S. 336.
⁶) Bessard, Repertorium. München 1842. S. 901.
⁷) Beleuchtung S. 35.

nach S. 41;¹) so renomiren doch die protestantischen Missionäre nicht!"²)

Kath. Sie scheinen nicht zu wissen oder vergessen zu haben, daß der hl. Franz von Sales größtentheils auf schweizerischem Boden sich befand, wo keine Inquisition vorhanden war, und daß er oft, obwohl gewarnt von Andern, allein und unbewaffnet sich unter Tausende von Irrgläubigen begab, die ihm nach dem Leben strebten. Sie werden wohl ganz Indien nicht buchstäblich fassen wollen, sowenig als: „Gehet hin, lehret alle Völker," „seid mir Zeugen in der ganzen Welt," „bis zu den Grenzen der Erde." Er durchzog aber sicher den größten Theil Indiens. Daß die protestantischen Missionäre nicht so „renomiren," glaube ich gern. Es ist eben die Unfruchtbarkeit der protestantischen Mission nur zu sehr erwiesen.

X. „Verbreiten doch Deutsche und Engländer bei Katholiken, Juden, Heiden und Türken die Bibel. Die Londoner Bibelgesellschaft hat allein schon mehr als 20 Millionen Bibeln verbreitet.³) Was soll ich von den unermüdlichen Männern der Sklavenemancipation in geistiger und leiblicher Beziehung sagen?"⁴)

Kath. Wenn die Verbreitung des geschriebenen Wortes Gottes der rechte Weg wäre, die Bekehrung zu bewirken, so müßten allerdings die protestantischen Missionen Wunderbares leisten. Sie haben selbst ihr Wirken gekennzeichnet, indem sie sagen: Deutsche und Engländer verbreiten (d. h. schmuggeln ein) die Bibel (d. h. ihre verfälschte Bibel) bei Katholiken, Juden, Heiden und Türken. Und die Katholiken sollen sich diese verfälschte Waare auch noch aufbringen lassen?⁵) Daß trotz der enormen Geldmittel und der Millionen von Bibeln der Erfolg der protestantischen Missionen so gut wie keiner zu nennen ist, geben auch die protestantischen Zeugnisse zu. Ich verweise sie auf die von Wiseman⁶) gesammelten Belege. Um nur Einiges zu erwähnen, erinnere ich an die Mission in In-

---

¹) Ebendas.
²) S. 10.
³) Beleuchtung S. 10.
⁴) S. 37.
⁵) Vgl. Beleuchtung S. 7.
⁶) Die vornehmsten Lehren u. Gebräuche der kath. Kirche. Uebers. v. Haneberg. 2. Aufl. Regensburg 1847. VI. S. 175–225.

bien. Die dort Bekehrten sind meistens Leute, die in Folge
ihrer Verbrechen aus ihrer Kaste ausgestoßen wurden,⁴) meist
Weiber brittischer Soldaten;²) in einem Zeitraume von 30
Jahren fanden nicht über 300 Bekehrungen statt, und ob unter diesen ein einziger Bramine oder Radschaput aufgezählt
werden könne, ist zweifelhaft.³) Ebenso ist es in Nordamerika;
die Zahl der Bekehrten und ihr Leben zeigen das Mißlingen
dieser Bemühungen.⁴) Die Bewohner der Inseln des stillen
Oceans begehrten Missionäre, weil sie die Ueberlegenheit der
christlichen Handelsleute sahen; die neue Religion ist aber nach
Berichten der Reisenden der endliche Ruin derselben; sie sind
kaum im Stande, das Joch ihrer Beglücker zu tragen. Das
sind Thatsachen, die in England öffentlich bekannt gemacht
wurden.⁵)

X. Aber die Zahl der Bibeln — —

Kath. Wer die Zahl der Bekehrten nach der Zahl der
ausgetheilten Bibeln berechnen wollte, der würde sehr irre
gehn. Ein Missionär zu Malakka bestellte z. B. allein eine
Million Bibeln. „Die Chinesen lesen sie," wie General Hislop
berichtet,⁶) und werfen sie dann weg; oft müssen sie in ein
Waarenlager gebracht und dort angehäuft werden." Die
Gewerbsleute kaufen sie oft zu verschiedenen Zwecken; so die
Pantoffelmacher, um ihre Pantoffeln damit zu füttern.⁷) Auch
der Besuch der Missionsschulen und das Lesen der Bibeln darin
bekehrt nur sehr Wenige.⁸) Ganz andre Mittel wirken zu-
weilen noch mehr; so erzählt der Protestant Dr. Tobler, der
wiederholt Palästina besuchte, daß in Jerusalem dem Täufling
400 Thaler als Prämie angeboten werden.⁹) Nur ein

---

¹) Reflections on the State of British India p. 42.
²) Heber, Narrative of a Journey through the Upper Provinces of India. 2d ed. vol. I. p. 395.
³) Monthly Review. vol. XCIX. p. 223.
⁴) The American Universal Geography. Boston 1812. vol. I. p. 367.
⁵) Voyage of H. M. S. Blonde to the Sandwich Islands. Lond. 1827. The Quarterly Review, vol. XXXV. p. 400 und LXX. p. 409.
⁶) History of the Campaign against the Mahrattas and Pindarris. Monthly Rev. N. 94. p. 369.
⁷) Nouveau Journal Asiatique, 1828. t. II. p. 40.
⁸) Narrative vol. III. p. 299. Memoir of the Rev. Gordon Hall, Andover, U. S. 1825 p. 256.
⁹) Deharbe, Erklärung des Katechismus I. Band S. 123.

Beispiel will ich noch anführen von der Verfahrungsweise der protestantischen Mission. Die Insel Ceylon, auf welcher der hl. Franz Xaver gewirkt hatte und sechshundert Christen in der Verfolgung getödtet worden, kam 1650 an die Holländer, welche, wie Dr. Davies[1]) in seinen Reisen erzählt, um den Katholicismus auszurotten, die Religion Buddha's durch Buddhistische Götzenpriester aus Siam wiederherstellen ließen. Ferner wurden alle katholischen Bischöfe und Priester aus dem Lande verbannt, Jedermann genöthigt, den protestantischen Gottesdienst zu besuchen u. s. w. Daß freilich solche Missionäre und deren Weiber und Kinder keinen Begriff haben können von dem Martertode der Christen in Japan,[2]) ist leicht erklärlich!

X. „Aber die Männer der Sklavenemancipation."[3])

Kath. Die Sklavenemancipation war zuerst und schon längst von den Katholiken auf Concilien gefordert worden.[4])

X. „Der Protestantismus hat bei 400 Jahren seine Berechtigung und Lebensfähigkeit bewiesen;"[5]) „wie kann die Religionsgeschichte S. 46 sagen: Luther's Lehre alterte, änderte und verwandelte sich."[6])

Kath. Ich kann nicht begreifen, wie Sie an diesem Satze sich ärgern können, den Sie doch gewiß nicht zu leugnen vermögen. Schon der lutherische Theologe Andreas Musculus[7]) erklärte 1578, daß die Augsburger Confession wohl 12 Mal geändert worden sei, was Schmibel zu Naumburg schon 1561 eingestanden hatte. Wie oft Luther selbst sich widersprach, seine Lehre änderte, davon habe ich wenigstens einzelne Beispiele Ihnen angeführt. Die Zerrissenheit des jetzigen Protestantismus ist ein Gegenstand der Klage selbst bei Protestanten; ebenso bekannt ist, wie wenig heut zu Tage selbst die strengen Lutheraner mit Luther gemein haben.

X. „Der Geist des 16. Jahrhunderts, der Geist der Reformation war der Prophet einer neuen — unsrer Zeit. Die

---

[1]) Travels in Ceylon. p. 308. Wiseman l. c. S. 250.
[2]) Beleuchtung S. 36.
[3]) S. 37.
[4]) Vgl. Balmes, der Katholicismus verglichen mit dem Protestantismus. (Deutsche Ausgabe. Regensburg. 1845.) Thl. I. S. 250 ff.
[5]) Beleuchtung S. 51.
[6]) Beleuchtung S. 26.
[7]) Buch vom jüngsten Tage p. D. 5 ff.

Wiedererweckung des klaſſiſchen Alterthums und die Geſammt=
heit der päpſtlichen Macht, Amerika's Entdeckung, die Erfind=
ung des Schießpulvers und der Buchdruckerkunſt, Alles wies
und drängte auf den Bruch mit der alten und Anbruch einer
neuen Aera hin."[1]) Sie wollen alſo auch nichts hören von
einem Kopernikus, Keppler, Galiläi und Chriſtoph Columbus,
von Guttenberg[2]) u. ſ. w.

Kath. Mit welchem Rechte die vielen Entdeckungen, die
Blüthe der Wiſſenſchaften und Künſte in der neueren Zeit
dem Proteſtantismus zugeſchrieben oder mit ihm in Verbindung
gebracht werden, iſt nicht leicht abzuſehen. Weder Criſtoph
Columbus noch Vasco di Gama, weder Guttenberg noch Bra=
mante oder Michel Angelo haben etwas mit ihm gemein. Die
Erfindung der Buchdruckerkunſt war allerdings der Verbreitung
der neuen Lehre ſehr günſtig; was aber die Erfindung des
Schießpulvers mit der Reformation zu ſchaffen hat, weiß ich
nicht. Der Aufſchwung war auf katholiſchem Boden er=
wachſen; in Italien hatten die Päpſte, beſonders Nikolaus V.,
die klaſſiſchen Studien gepflegt, in Spanien förderte der ſchmäh=
lich verläſterte[3]) Cardinal Ximenes wiſſenſchaftliches Leben.
Der Proteſtantismus hat ſogar dieſe gedeihliche Entwicklung
vielfach gehemmt, zumal da Luther, Carlſtadt und Melanchthon
die Vernunft ſo ſchwer geläſtert. Leſen Sie doch einmal und
ſuchen Sie zu widerlegen, was der Spanier Balmes[4]) hierüber
geſagt hat.

X. „Iſt nicht Kunſt und Wiſſenſchaft proteſtantiſch ge=
worden, d. h. hat nicht der Proteſtantismus ſich ihrer bemäch=
tigt?"[5])

Kath. Sind dieſe Erzeugniſſe der Wiſſenſchaft und Kunſt
aber vielleicht durch Luthers Geiſt hervorgerufen? Sind deß=
halb die Zuſtände der proteſtantiſchen Kirchen neidenswerth?
Hat jene Erſcheinung nicht vielmehr ganz andere Urſachen?
Hat man nicht von ſo manchen Seiten die Katholiken bevor=
mundet, ihre Inſtitute und Bildungsanſtalten eingezogen und

---

[1]) Beleuchtung S. 37.
[2]) Beleuchtung S. 20, 2 u. ſ. w.
[3]) Beleuchtung S. 31.
[4]) Balmes l. a. Beſ. Kap. 6 ff. 70. 71.
[5]) Beleuchtung S. 37.

vernichtet, wie auch Döllinger, der Luther in seinem neuesten Werke so großes Lob gespendet hat,¹) nachweist.²)

L. Ihr Katechismus hat sehr anerkennend die Reformatoren gezeichnet: „Wie eine ansteckende Seuche haben sie die beklagenswertheften Uebel — sittliches Verderben, Zerstörung der segensreichsten Stiftungen, namenloses Elend für Zeit und Ewigkeit verbreitet.³)" Ja nach S. 45 ff. wäre sogar die französische Revolution eine Folge der Reformation.⁴)

Prot. Leider kann nicht bestritten werden, daß, wie Luther selbst klagt, Viele das Evangelium fleischlich faßten, viel Mißbrauch damit getrieben, viele Stiftungen zerstört wurden. Soll aber Luther für all' Das verantwortlich gemacht werden?

Kath. Was konnte aber anders aus Luthers Lehre entstehen? Seine Schriften, wie die von der Freiheit der Christen mußten das verzehrende Feuer entzünden. Das Princip der freien Bibelforschung mußte zu tausenderlei Widersprüchen und zuletzt zum Unglauben führen. Luther schreibt: „Die Christen haben alle gleiche Gewalt, und könne unter ihnen keine Obrigkeit sein; auch seien die Fürsten gemeiniglich die Schlimmsten."⁵) Ich meine, dieser Satz allein zeigt, daß eine Verbindung zwischen der Revolution und dieser Reformation nicht so gar ferne liegt. Was war auch natürlicher, als daß die Revolution gegen die kirchliche Autorität sich bald auch gegen die des Staates richten mußte? Wer die Altäre zerstört, greift auch den Thron an.

L. Aber die Revolution brach im katholischen Frankreich aus.

Kath. War aber vom protestantischen England auf das leicht entzündbare Frankreich verpflanzt worden.

Prot. Vergessen wir nicht die vielfachen Ursachen der Revolution in Frankreich selbst. —

---

¹) Kirche und Kirchen, Papstthum und Kirchenstaat. Historisch-politische Betrachtungen von J. J. J. v. Döllinger. München 1861. S. 386. 387. Vgl. das Quellenwerk: Die Reformation, ihre Entwicklung und ihre Wirkungen im Umfange des lutherischen Bekenntnisses. Regensburg 1846—1848.
²) l. c. S. 688.
³) Beleuchtung S. 21.
⁴) S. 25 ff.
⁵) t. II. jen. g. l. 201 a. H. N. f. 197 b. ff. — t. VI. Wittenb. g. f. 592. a. ff.

X. Ja, wie die Blutschuld des Père La Chaise.¹)

Kath. Von einer „Blutschuld" des Père La Chaise weiß, scheint es, nur der Herr Beleuchter oder hält er es für eine „Blutschuld," Beichtvater eines nicht immer sehr gewissenhaften Königs zu sein? Oder hält er den katholischen Beichtvater für verantwortlich für all' Das, was seine Beichtkinder je thun? Dann möchte wohl Niemand ein Beichtvater sein. Die Aergernisse am französischen Hofe u. s. w. sollen keineswegs geleugnet, noch all' Das, was in der Revolution geschah, der Reformation aufgebürdet werden. Aber es war doch die Reformation, welche der Revolution Bahn gebrochen, welche zuerst die „Freiheit" im Sinne von Zügellosigkeit und Ungebundenheit ins Werk zu setzen suchte, und sicher liegt der Zusammenhang hier weit näher als zwischen der Lehre Luther's und den Erfindungen und Künsten seiner Zeit.

X. Sprechen wir einmal von etwas Anderem. Die Schrift Laguerroniere's ist doch gewiß in der Beleuchtung in's rechte Licht gesetzt?²)

Kath. Sie gehört freilich nicht zur Katechismusfrage; doch hat sie auch sehr passend „Mephistopheles" im Beleuchtungstraktätlein commentirt.

Prot. Die allgemeine Zeitung³) hat über die Flugschrift Laguerroniere's sich ganz richtig folgendermaßen ausgesprochen: „Wenn Herr de la Guerroniere aus den gegenwärtigen Zuständen Italiens, aus dem Abfall seiner Unterthanen den Beweis dafür ableiten will, daß der Papst über sein legitimes Gebiet fürderhin nicht mehr herrschen könne, so ist die Antwort hierauf nicht schwer: daß die Unmöglichkeit, die bewiesen werden will, größtentheils von jenen Händen geschaffen wird, die sich zum Beweis erheben. Wahrlich nicht Pius IX. ist für die vorhandenen Zustände verantwortlich zu machen, sondern Jene, welche sie verschuldet haben und verschulden. Seit den Tagen, wo Pius IX. Reformen einführen wollte, hat die Revolution nicht aufgehört, gegen ihn Feinde in's Feld zu stellen, bald offen, bald im Geheimen." Doch über diese Broschüre nur noch ein Wort zu verlieren, ist überflüssig. Die Zeitungen haben sie zur Genüge beleuchtet.

¹) Beleuchtung S. 26.
²) Beleuchtung S. 41. ff.
³) Allg. Zeitung. Beil. vom 1. Januar 1860.

X. „Aber warum hat man sich auch zu gar keinen Re=
formen verstehen können."¹)

Kath. Pius IX. hat 1846 bis 1848 genug gethan, um
keinen solchen Vorwurf zu verdienen; die Forderungen der Re=
volution waren aber nur auf Umsturz, Beraubung berechnet,
wie ihre Organe jetzt offen eingestehen. Weitere Reformen
hatte Pius IX. 1859 zugesagt, aber erst für den Fall der Rück=
gabe der geraubten Provinzen und ohne Druck von Außen,
was er seiner Würde schuldig war.

X. „Es ist aber auch keine freie Wissenschaft, keine Volks=
bildung ihnen gegönnt."²)

Kath. Wohl ist kein absoluter Schulzwang,³) fehlt aber
nicht an Volksschulen, deren in Rom mehr als hundert sind,
wo in den meisten unentgeltlicher Unterricht ertheilt wird.⁴)
Wenn die Hochschulen weniger leisten, als sie leisten könn=
ten, liegt der Grund nicht in der päpstlichen Regierung, son=
dern gerade bei den Gegnern derselben, den italienischen Libe=
ralen und der Corruption der studirenden Jugend.

X. „Antonelli sagt anders als Cavour; der französische
Clerus anders als der intelligente Theil des französischen Volkes."⁵)

Prot. Einsichtsvolle Protestanten, wie der frühere fran=
zösische Minister Guizot⁶) haben den Kern der römischen
Frage bereits richtig gewürdigt. Das „intelligente französische
Volk", ist es nicht, das die Ansicht der Broschüre theilte.

Kath. Die Beleuchtung citirt S. 38 mehre Schriftchen,
von denen der Beleuchter selbst wohl keines gelesen hat; das
wäre freilich zuerst ihm zu empfehlen gewesen, ehe er selbst
darüber gesprochen hätte.

X. Haben sie aber die Principien der Broschüre entkräf=
tet? Wie: „Die Macht des Papstes kann nur eine väterliche
sein." „Des Papstes Gesetze sind an Dogmen gebunden"
u. s. w.⁷)

---

¹) Beleuchtung S. 1. 61.
²) S. S. 63.
³) Vgl. darüber: Wolfgang Menzel, Literaturblatt 1859. Nr. 51. 52.
S. 204. 206.
⁴) Hurter, Rom S. 194 ff.
⁵) Beleuchtung S. 56.
⁶) L'église et la société chrétienne. Paris 1861.
⁷) Beleuchtung S. 54.

„Kath." Sollen nicht auch christliche Fürsten Väter ihrer Völker sein, bestimmt zu deren Segen? Voltaire und Chateaubriand haben gesagt: „Europa verdankt dem heiligen Stuhle seine Civilisation, einen Theil seiner besten Gesetze und fast Alles, was es an Wissenschaft und Kunst besitzt." Verdammt je der Glaube den Patriotismus, schließen die Dogmen die Gesetze aus oder verpflichten sie zur Unbeweglichkeit? Muß nicht jedes Gesetz gebunden sein an das göttliche Gesetz (die 10 Gebote)? Diesem Satze der Broschüre gemäß müßte, wie Rousseau sagte, jedes christliche Volk, das an die Dogmen sich hält, zuletzt des Fortschrittes unfähig sein. Auch die „Beleuchtung" nennt die Einheit der Kirche — Stagnation,[1] ihre Unveränderlichkeit unmöglich.[2] Ich sage Ihnen das Wort des Bischofs Felix Dupanloup:[3] „Es gibt einen revolutionären Fortschritt der Kugel, die stets fortrollt in jeglichem Sinne und nie stille steht, und es gibt eine Unbeweglichkeit des Grenz- und Ecksteines, der nie sich rührt. Wir wollen weder Kugel noch Eckstein sein. Aber es gibt auch eine herrliche Unbeweglichkeit der Sonne, die fest steht im Mittelpunkte der Welt, die Alles belebt, Alles erleuchtet, um welche sich alle Bewegungen und zwar die glänzendsten vollziehen, um welche die Welt sich dreht, ohne daß je das Licht ihr fehle, was Sie auch dagegen sagen mögen. Das ist das Bild des Katholicismus." — So dächte ich, meine Herren, wären die Hauptanklagen der Beleuchtung besprochen; denn was noch übrig ist, ist theils, wie die erste Anmerkung S. 67 zu frivol, als daß man nur darauf antworten möchte, theils einer Entgegnung gar nicht bedürftig. Daß auch dem Dichter der „Amaranth"[4] wohl mehr seines „Thomas Morus" wegen, die Ehre der Erwähnung widerfuhr, wird ihm schmeicheln. Was „Schiller" und „Schillerfeste"[5] betrifft, so ehren und schätzen auch wir, um mit Redwitz zu reden, „deutschen Geist und deutsch Gemüth, wo wir sie finden," ohne uns gerade zu einer Apotheose Schillers fortreißen zu lassen, wie sie von so manchen Seiten

---

[1] Beleuchtung S. 60.
[2] S. 18. 19.
[3] Schreiben an einen Katholiken über die Broschüre: „Der Papst und der Congreß." (Deutsch. Mainz 1860.) S. 11.
[4] Beleuchtung S. 62.
[5] S. 39. 62. 64.

stattfand; doch als orthodoxen Protestanten oder als Geschicht=
schreiber können Sie ihn wohl nicht rühmen. Noch eine
schwere Beschuldigung der Beleuchtung, die Sie wohl selbst
auszusprechen sich schämen, ist die des „vaterlandsfeindlichen
Sinnes" der Katholiken.¹)

L. Ja, „Sie und Ihres Gleichen haben eben kein Vater=
land, kein vaterländisches Interesse, keine Vaterlandsliebe.
Deutschland ist und war Euch von jeher eine römische Provinz
Ihres hierarchischen Weltreichs. Wenn nur Rom gewinnt, und
seine Armeen siegen, mag Deutschland auch in Feuer und
Flammen stehen."²)

Kath. Was heißen Sie vaterlandsfeindlich? Wer hat
die Spaltung Deutschlands verursacht? Wer wendet noch heute
dem Verwüster Deutschlands, dem Schwedenkönig Gustav Adolph,
einen Cult zu, dessen jede andre Nation sich schämen müßte,
einem Manne, den jetzt selbst protestantische Stimmen nicht
mehr zu rechtfertigen vermögen?³) — Doch Sie, mein Herr,
sprechen auch Sie dem Katholiken alle Vaterlandsliebe ab?

Prot. Diese Anschuldigung zeugt nicht vom Geiste der
Liebe,⁴) und ich bin weit entfernt, an solcher Verläumdung und
Schmähung Theil haben zu wollen. Deutsch ist nicht identisch
mit protestantisch.⁵) Ohne Bonifazius hätten wir wohl auch
keinen Luther; und auch Jener war von Rom aus gesandt;
war er deßhalb kein Wohlthäter Deutschlands? — Hierin sind
wir doch einig: wir lieben Alle das eine, große deutsche Vater=
land. Doch um nochmals auf den Katechismus zurückzukommen,
schließlich noch eine Frage, die mir die wichtigste scheint. Es
ist wohl wahr, daß die von der Beleuchtung bekämpften Stellen
des Katechismus gerade nicht die absolute Unwahrheit enthal=
ten: aber ist es nicht doch eine Verletzung der Liebe und des
jetzt herrschenden Friedens, in so zerrissener Zeit, wie es die
unsrige ist, das Alles, was bisher noch nicht so bekannt war,
der Jugend schon bloszulegen?

Kath. Die Liebe kann nie fordern, daß man die Lüge
Wahrheit nenne und Wahrheit Lüge. Werden nicht, wie in

---

¹) Beleuchtung S. 5. 29. 30. 72.
²) S. 72.
³) Vgl. Allgem. Zeitung vom 30. Nov. 1861 Beilage.
⁴) 1. Cor. 13, 14, worauf sich die Beleuchtung S. 72 beruft!
⁵) Vgl. S. 30.

der Beleuchtung es geschieht, noch immer die alten Lügen und Schmähungen gegen Papst und Kirche fortgesetzt? Haben nicht die Katholiken um so mehr Grund darüber zu klagen, als sie ihrerseits nichts aussagen, was nicht thatsächlich begründet wäre. Das gilt namentlich von dem angefochtenen Katechismus. Die Katholiken haben sich ihrerseits nie in protestantische Katechismusfragen eingemischt und haben es stillschweigend und mit Resignation hingenommen, daß der Heidelberger Katechismus z. B. das erhabenste Institut in ihrer Kirche, das hl. Meßopfer, als Götzendienst bezeichnet hat, wie es auch die zu den symbolischen Büchern gehörigen schmalkaldischen Artikel[1]) für einen fürchterlichen Gräuel erklären. Gerade in unserer Zeit bei dem zunehmenden Unglauben und der wachsenden Gleichgültigkeit im Glauben ist es nothwendig, in seinem Glauben fest begründet zu sein. Noch nie aber habe ich gehört, daß der Katechismus oder vielmehr die Religionsgeschichte (denn nur von dieser ist in der „Beleuchtung" eigentlich die Rede) solche Wirkungen gehabt, wie „Mephistopheles (Seite 4 der Beleuchtung) sie beobachtet hat, am allerwenigsten bei 7—8 jährigen Kindern, die sie wohl noch selten lesen werden. Glauben Sie, daß Katholiken und Protestanten dann sich gegenseitig achten können, wenn sie unwissend in den Unterscheidungslehren und der Geschichte ihrer Religion oder gleichgültig dagegen sind? Werden Sie nicht dann viel mehr sich achten (und auf Achtung muß sich die Liebe gründen), wenn sie aufrichtig nach Wahrheit forschen, was ja auch die Beleuchtung fordert,[2]) freilich auf ganz eigene Art es thut? Den Fernblicken des plötzlich zum Seher gewordenen Beleuchters in das Jahr 18, 860[3]) zu folgen, versparen wir, bis einmal die Luftschifffahrt an die Stelle der gleich Würmern am Boden kriechenden Eisenbahnen getreten sein wird und man in Luftschlössern wohnt. Und nun meine Herrn, überlegen Sie sich, was wir besprochen, sine ira et odio, sowie auch meine Worte gewiß nie die Absicht hatten, zu verletzen, sowenig als der Katechismus mit seiner Religionsgeschichte. Wenn Sie aber mit der „Beleuchtung[4])

---

[1]) Articuli Schmalcaldici Parte II. art. 2.
[2]) Beleuchtung S. 48 ff. u. f. w.
[3]) Beleuchtung S. 66 ff.
[4]) S. 71.

fragen:" welch ein Herz: der Katholik, der in der Lauretanischen Litanei 47 mal die Mutter Gottes anrufe, („bitte für uns!") zu denen fassen könne, welche nur den Dreieinigen anrufen, so antworte ich ihnen: Ein Herz voll christlicher Liebe, um so mehr, weil er sie beraubt weiß eines von der hl. Schrift selbst gelehrten,[1] so süßen Trostes, der Liebe zu der Mutter Gottes und der Menschen; ein Herz voll Vergebung und des Gebetes zu Gott, daß er verzeihen möge alle Schmähungen gegen Diejenige, welche er selbst hoch geehrt hat. Somit gelte uns Allen im Leben das eine und große Gebot der Liebe, ohne welche Glaube und Hoffnung ihre Früchte nicht zeitigen.

---

[1] Vgl. Jsai 7, 14; Jerem. 31, 22; Mich. 5, 3; Luk. 1, 28. 42. 48. Luk. 11, 27; Joh. 19, 27. Joh. 2, 3 ff. u. s. w.

Im Verlage ist soeben so wie durch Kunsthandlungen ist Würzburg ist ferner erschienen und durch alle Buchhandlungen zu beziehen:

Hausschatz für katholische Familien.

Eine Auswahl von Gebeten, Betrachtungen, Unterweisungen, lehrreichen Erzählungen und Beispielen aus dem Leben der Heiligen. Zur Belebung christlichen Sinnes und Wandels herausgegeben von **Joseph Schnorr**, Pfarrer zu Greußenheim, Herausgeber der Erklärung des Deharbe'schen Katechismus. Mit Approbation des hochwürdigsten Herrn Bischofs von Würzburg. Erster Jahrgang, erstes und zweites Heft. 8 Bogen in 16. Preis jeden Heftes 9 kr. oder 3 Sgr.

Die Absicht bei Herausgabe dieses Hausschatzes ist: den christlichen Familien, und allen für ihr wahres Heil Besorgten, eine Lektüre zu bieten, die nicht blos eine vorübergehende Unterhaltung gewährt, sondern die den Geist zwar angenehm beschäftigt, aber auch antreibt, allen Ernstes nach Dem zu streben, was für den Menschen in der kurzen Lebenszeit von der allergrößten Wichtigkeit ist.

Den jetzigen und künftigen Hauptinhalt dieses Schriftchens bilden:
1. Eine Auswahl von Gebeten aus dem so reichen Gebetsschatze der katholischen Kirche. (Das Gebet nennt ein Kirchenvater den Schlüssel zum Himmel. Es dürfte sonach dieser Gegenstand Allen willkommen sein.)
2. Eine Auswahl von Betrachtungen. (Von der Betrachtung sagt der große Bischof Fenelon: „Sie nährt das Herz, wie die Speise den Leib nährt. Ein kurzer Blick auf Gott erfrischt den ganzen Menschen.")
3. Unterweisungen und Belehrungen über die katholischen Glaubens- und Sittenwahrheiten, über die Standespflichten der besonderen Lebensstände, als: Aeltern, Kinder, Dienstboten ꝛc. Insbesondere sollen auch die Ceremonien und Gebräuche der katholischen Kirche bei Weihungen und Segnungen, bei Ausspendung der heil. Sakramente, beim heil. Meßopfer ꝛc. eine gründliche und möglichst vollständige Erklärung finden.
4. Wird dieser Hausschatz lehrreiche, erbauende Erzählungen und Beispiele aus dem Leben der Heiligen bringen.
5. Endlich werden fromme Lieder und lehrreiche Denksprüche Aufnahme finden, welche es den Aeltern möglich machen, ihre Kinder im häuslichen Kreise recht angenehm zu beschäftigen.

Dieser Hausschatz erscheint in **fünf Jahresheften** und zwar alle zwei und ein halb Monat ein 4 Bogen starkes Heft. Der Preis eines jeden Heftes beträgt 9 kr., somit kostet der **ganze Jahrgang nur 45 Kreuzer**, wodurch es auch

den unbemitteltsten Familien möglich

wird, besonders an Sonn- und Feiertagen das Jahr hindurch zu Hause den Geist durch eine erbauende Lektüre zu erfrischen.

Das deutsche Schulwesen in Bayern, auf Grund der bestehenden Verordnungen systematisch dargestellt von Dr. **J. J. Himmelstein,** Domicapitular in **Würzburg.** 22 Bogen. gr. 8. 1859. Preis fl. 1. 45 kr.

Der Mangel einer zweckmäßigen und verläßigen Bearbeitung des deutschen Schulwesens hat sich allgemein fühlbar gemacht, um so mehr, da wir keine vollständige Sammlung der Schulverordnungen besitzen; denn die Sammlung von Kirstetter reicht nur bis 1846, und ist selbst bis dahin lückenhaft. Die Zusammenstellung in dem ausgedehnten von Döllinger begonnenen und von Strauß fortgesetzten Sammelwerke reicht zwar etliche Jahre weiter, scheidet aber die noch gültigen von den außer Kraft getretenen Verordnungen nicht aus und ist überdies den Wenigsten zugänglich. Vorstehende Schrift nun gibt die bestehenden Verordnungen zu einem systematischen Ganzen bearbeitet, und bietet auf diese Weise sowohl für das theoretische Studium als für die Praxis das zweckmäßigste und sicherste Hülfsmittel.

Die Feier der ersten heiligen Communion, 3 dreistimmige Lieder von den Communikanten unter der heil. Wandlung, 3 dergleichen von denselben nach der heil. Communion, dann **vier größere Gesänge für Sopran, Alt, Tenor und Baß,** vom Chore während der heiligen Communion der Kinder zu singen, nebst einem Opferliede und Ecce sacerdos magnus als Anhang, sämmtlich mit obligater Orgelbegleitung von **Joseph Lutz.** 9½ Bogen. In sehr hübschem Notendruck in 8. 1858. Preis 57 kr. = 16 Sgr.

Die Feier des heiligen Frohnleichnamsfestes. Eine Sammlung drei- und vierstimmiger Lieder zum Gebrauche bei der **Frohnleichnamsprozession** nebst einem Fracto demum, sämmtlich mit Orgelbegleitung von **Joseph Lutz.** 12½ Bogen in sauberem Notendruck. Lex.-8. 1858. Preis fl. 1. 30 kr. = 26 Sgr.

Diese Lieder sind in Würzburg schon oft und stets mit großem Beifall aufgeführt worden. Außerdem bürgt der Name des Verfassers für gediegene und zweckentsprechende Composition. — Beide Sammlungen enthalten solche Lieder, welche nicht blos bei den auf dem Titelblatte bemerkten Gelegenheiten, sondern auch in jedem Engelamte und bei jedem Amte nach der heiligen Wandlung passend ausgeführt werden können.